Anke M. Leitzgen & Anna Bockelmann

ERFORSCHE DAS MEER

KINDER ENTDECKEN KÜSTEN UND MEERE

Mitgeschwommen sind Signe Kjær (Illustration)
Lisa Rienermann (Foto-Illustration)
Petra Stockhausen (Foto) und Annette Wolter (Gestaltung)

BELTZ
& Gelberg

Wie funktioniert dieses Buch?

Hier findest du so etwas wie den Beipackzettel für dieses Buch. Es gibt nämlich ein paar Kleinigkeiten, die bei der → Navigation helfen. Und dann? Leinen los!

Was würdest du antworten, wenn dich jemand fragt: „Wie ist es am Meer?" Erzählst du von hohen Wellen und langen Sandstränden? Oder von kleinen Buchten mit vielen Steinen, die auf dem Weg ins Wasser unter den Füßen nerven? Oder von ausgiebigen Wanderungen über das Watt, weil das Wasser ständig kommt und geht?

Tatsächlich stimmt alles davon, denn am Meer sieht es mal so und mal so und mal so aus. Wir haben für dieses Buch deshalb nicht nur Muscheln, sondern ganze Küsten sortiert und ihre Besonderheiten fotografiert und beschrieben. Außerdem findest du Antworten auf die großen Fragen rund ums Meer. Und weil Lesen oder Schauen spannend ist, aber man viele Dinge am besten versteht, wenn man sie selbst untersucht hat, gibt es viele Ideen im Buch, mit denen du das Meer zu Hause und am Strand erforschen kannst. Das Wichtigste ist aber vermutlich dies: Schau immer mal wieder der Sonne dabei zu, wie sie auf dem Meer herumfunkelt. Das macht so schön warm ums Herz. Ahoi!

Wenn du das Fernglas im Buch entdeckst, steckt ein Tipp zum Beobachten dahinter.

→ Dieser Pfeil zeigt immer auf ein Wort, das im Meeres-Abc ab Seite 144 erklärt wird.

Der Wal macht darauf aufmerksam, wie sensibel das Meer auf Umwelteinflüsse reagiert und wie sich jeder von uns im Alltag „meerbewusst" verhalten kann.

Mit der Glühbirne findest du Meereswissen oder die Seitenzahl, die darauf verweist, wo du mehr Wissen zu einem Thema findest.

Das ist ein Erlenmeyer-Kolben. Er wird oft im Chemielabor gebraucht. Wo du ihn findest, gibt's entweder ein Experiment oder den Verweis auf eines, das gut zum Thema passt.

Was kann ich an den Küsten entdecken?

Wie werde ich Meeresexperte?

ist los im MEER?

Das Meer ist eine grandiose Schatzkammer: Unter seiner Oberfläche verstecken sich die höchsten Berge und die tiefsten Schluchten, aber auch die größten Säugetiere und winzig kleine Meeresbewohner. Und alle sind perfekt an ihre Umwelt angepasst.

Warum wird die Erde Blauer Planet genannt?

Ohne Wasser gibt es kein Leben. Und kein anderer Planet des Sonnensystems ist mit so viel Wasser ausgestattet wie die Erde. Aus dem All betrachtet, sieht sie daher wie eine wunderschöne, blaue Murmel aus. Die unterschiedlichen Mengen von Salz- und Süßwasser kann man sich am besten so vorstellen: Wenn der gesamte Salzwasservorrat der Erde in einen großen Wassereimer passen würde, könnte das Süßwasser aus Bächen, Flüssen und Seen im Vergleich dazu gerade mal einen Eierbecher füllen.

Wirklich kompliziert ist die Frage, woher das ganze Wasser kommt. Das weiß man nämlich nicht genau. Man vermutet, dass ein Teil davon aus der molekularen Wolke stammt, aus der ursprünglich auch unsere Sonne entstanden ist. Wasser ist damit älter als die Sonne selbst, deren Alter man auf etwa 4,6 Milliarden Jahre schätzt.

Wie ist das Leben im Meer entstanden?

Die ersten Lebewesen gab es im Meer. Sie bestanden nur aus einer einzigen Zelle. Solche und ähnliche Winzlinge gibt es immer noch: Wir nennen sie Plankton, wenn sie lebendig sind und sie sich nicht aus eigener Kraft fortbewegen können. Das Meer sorgt dafür, dass die kleinen Teilchen vom Fleck kommen. Wellen und Strömungen treiben sie umher. Pflanzliches Plankton heißt Phytoplankton und tierisches Plankton wird Zooplankton genannt. Beide Arten dienen anderen Meerestieren als Futter.

💡 Phytoplankton produziert ungefähr die Hälfte des → Sauerstoffs in der Luft. Damit ist es für uns noch wichtiger als der Regenwald.

🐋 Durch den Klimawandel gerät das Planktonwachstum jedoch aus dem Takt. Plankton blüht durch die Erwärmung der Meere viel zu früh. Oder die Pflanzen treiben erst gar keine Blüten aus, weil es ihnen zu warm ist. Und bestimmte Arten, wie zum Beispiel giftige Blaualgenarten, nehmen zu. Dadurch gerät die → Nahrungskette durcheinander: Den kleinen Meeresbewohnern fehlt es an Futter und den großen damit auch.

So sieht Plankton unter einem Mikroskop aus!

Warum brauchen wir viele Tierarten?

Würden Wale und Delfine aussterben, wäre das für uns eine Katastrophe. Aber Hand aufs Herz: Wer würde sich nicht freuen, wenn die Feuerquallen aus den Meeren verschwinden würden? Oder andere eklige, beißende, gefährliche Tiere, zumal es doch so viele schöne, harmlose und liebenswerte Lebewesen gibt?

💡 Forscher gehen davon aus, dass im Meer etwa eine Million verschiedene Arten leben. Jedes Jahr werden zurzeit sogar rund 2.000 neue Arten entdeckt. Wenn da mal ein oder zwei fehlen, fällt das doch nicht weiter auf, oder? Leider doch. Die verschiedenen Tier- und Pflanzenarten übernehmen ganz unterschiedliche Aufgaben in der Natur. Ihr Zusammenspiel sorgt dafür, dass wir gesunde Nahrungsmittel und sauberes Wasser haben. Damit das so bleibt, müssen wir die vielfältigen Lebensräume schützen. Denn stirbt eine Art aus, entsteht eine Lücke, deren Folgen wir nicht abschätzen können.

MITTELMEER

SCHNECKENVIELFALT IM VERGLEICH:
UNGLAUBLICH, MIT WELCHER ARTENVIELFALT
DAS EUROPÄISCHE MITTELMEER DAHERKOMMT.
ABER ALS SUBTROPISCHES MEER KANN
ES KÄLTE UND WÄRME LIEBENDE ARTEN
GLÜCKLICH MACHEN. IN DER NORDSEE SIND
WEITAUS WENIGER SCHNECKEN ZU HAUSE.
UND IM SCHWACH SALZIGEN WASSER
DER OSTSEE SIND DIE BEDINGUNGEN SO
SCHWIERIG, DASS NUR EINIGE SCHNECKENARTEN
DARIN LEBEN KÖNNEN.

NORDSEE

OSTSEE

Warum ist das Meer manchmal weg?

Der → Meeresspiegel hebt und senkt sich die ganze Zeit: etwa wie dein Bauch beim Atmen – nur viel langsamer. Ungefähr sechs Stunden steigt der Wasserstand während der Flut an, und genauso lang fällt er während der Ebbe wieder ab. Das ganze Hin und Her nennt man Gezeiten oder Tiden.

💡 Flut entsteht, weil die → Schwerkraft des Mondes das Wasser auf der Erde anzieht. Das passiert allerdings nur auf der Seite der Erde, die dem Mond gerade zugewandt ist. Trotzdem gibt es gleichzeitig auch auf der mondabgewandten Seite eine Flut – denn dort wirkt eine zweite Energie: die → Fliehkraft. Wenn sich die Erde dreht, wird alles – auch das Meer – ein bisschen nach außen gedrückt. Wie das Wasser in einer Salatschleuder. Zweimal im Monat läuft das Wasser sehr hoch auf und sehr weit ab. Das nennt man dann Springflut. Bei Neumond (Mond steht zwischen Erde und Sonne) und bei Vollmond (Erde steht zwischen Sonne und Mond) wirken die Anziehungskräfte von Sonne und Mond und die Fliehkraft besonders intensiv zusammen. Bei zunehmendem und abnehmendem Mond ist es genau andersherum. Dann ist der Wasserstand bei Flut besonders niedrig. Das nennt man Nippflut.

DER TAG HAT 24 STUNDEN. EBBE UND FLUT
DAUERN ABER ZUSAMMEN 12 STUNDEN UND
25 MINUTEN. DESHALB VERSCHIEBT SICH DER
BEGINN DER GEZEITEN JEDEN TAG UM 50 MINUTEN.

Wo sind die Tiere im Watt?

Im Wattenmeer ist nur eines immer gleich: Es verändert sich ständig. Erst steigt das Wasser, dann fällt es wieder ab, dann steigt es wieder. In diesem ständigen Wechsel von Land und Meer können sich nur Tiere mit ganz besonderen Fähigkeiten dauerhaft behaupten. Ihr Trick: Sie buddeln sich in den Wattboden ein. Deshalb sind sie auch erst einmal schwer zu entdecken.

Wenn du dich auf dem Wattboden hinkniest und ganz genau schaust, wirst du viele Tierspuren finden. Kein Wunder: Auf einem einzigen Quadratmeter leben oft eine Million Tiere. Allein 2.000 Herzmuscheln können darunter sein. Zuerst wirst du vermutlich Sandkringelhäufchen entdecken. Sie stammen von Wattwürmern, die du mit einer Schaufel vorsichtig ausgraben kannst. Mit etwas Glück werden dir auch die anderen Wattbewohner begegnen, die du im Bild siehst. Im Frühjahr und Herbst bist du allerdings nicht allein auf der Suche. Dann kommen rund 12 Millionen → Zugvögel ins Wattenmeer, um sich auf der langen Reise nach Norden oder Süden satt zu fressen.

WATTSCHNECKE

MIESMUSCHELN

STRANDSCHNECKE

STRANDKRABBE

SANDGARNELE

MIT SAUERSTOFF

OHNE SAUERSTOFF

SCHLICKKREBS

KOTPILLENWURM

PFEFFERMUSCHEL

WATTWURM

BALTISCHE PLATTMUSCHEL

SEERINGELWURM

HERZMUSCHEL

BÄUMCHENRÖHRENWURM

Wie können Tiere in der Tiefsee leben?

Die Tiefsee ist stockdunkel und eisig kalt. Außerdem herrscht ein gigantisch hoher Wasserdruck, der Taucher und sogar normale U-Boote einfach zerquetschen würde. Und: Es gibt nur extrem wenig Nahrung. Denn wo kein Licht ist, da wachsen auch keine Pflanzen. Kaum zu glauben, dass es trotzdem Tiere gibt, die sich an diese schwierigen Bedingungen anpassen konnten.

💡 Es gibt vor allem drei verschiedene Anpassungstricks: 1. ein Riesenmaul, wie das des → Vipernfischs. Es hilft dabei, auch übergroße Beute zu schnappen. Raubfische in der Tiefsee können nicht wählerisch sein, sie müssen möglichst jede Beute packen können. 2. ein Leuchtorgan, wie die Kopfangel beim → Anglerfisch. Damit können Beutetiere angelockt werden. Und 3. ein durchsichtiger Kopf, wie beim → Gespensterfisch. Er ermöglicht den Augen, auch die allerkleinsten Lichtstrahlen einzufangen.
An wenigen Stellen im Ozean, nämlich genau dort, wo am Meeresboden die Platten der Kontinente aneinanderstoßen, tritt heißes, schwefelhaltiges Wasser wie bei einem → Geysir aus dem Erdinnern. Aus dem Schwefel gewinnen unzählige Bakterien Energie – ähnlich wie Pflanzen aus Sonnenlicht. Die Bakterien werden von anderen kleinen Lebewesen gefressen und bilden so die Grundlage eines reichhaltigen Nahrungsangebots für die Tiere. So eine hydrothermale Quelle ist also eine Art Oase in der Tiefseewüste.

214 M
REKORD
IM FREI-
TAUCHEN

600 M
MAX TAUCH-
TIEFE IM
GEPANZERTEN
TAUCHER-
ANZUG

— TIEFSEE AB 1400 BIS 4000 M

2250 M
TAUCHTIEFE
EINES
POTTWALS

KOCHEND HEIß
100°

TIEFSEEQUELLENKRAKE
23 CM

RIESEN-BARTWURM
BIS 30 M

ANEMONE
3 CM

SCHLOT-AALMUTTER
37 CM

SCHLOTMIESMUSCHELN
20 CM

SCHLOTKRABBE
6 CM

POMPEJIWURM
17 CM

30 CM
WEIßE KLAFFMUSCHEL

Wie verändert das Meer unser Klima?

Ohne die Ausläufer des Golfstroms würden in Deutschland die Winter ziemlich kalt sein. Sie sind für uns daher eine natürliche Heizung. Es gibt einen riesigen Wirbel im Atlantik. Der beginnt westlich des afrikanischen Kontinents und fließt, angetrieben von den Passatwinden, zum Golf von Mexiko. Dort tankt das Wasser viel Wärme und vereinigt sich mit dem Florida- und dem Antillenstrom. Gemeinsam bilden sie den Golfstrom. Von hier strömt das warme Wasser am amerikanischen Kontinent entlang nach Norden und in Richtung Europa. Dann heißt er erst Nordatlantikstrom und danach Norwegenstrom.

💡 Wusstest du, dass die größten Wasserfälle der Erde im Meer zu finden sind? Dort, wo das Nordmeer auf den Atlantik trifft, zwischen Grönland und Island, stürzen zum Beispiel kalte und deswegen schwere Wassermassen 3.000 Meter in die Tiefe und strömen am Meeresboden entlang nach Süden. Dieser gigantische Wasserfall ist eine der Pumpen, die den weltweiten Kreislauf des Meerwassers antreiben und dadurch unser Klima bestimmen. (Wenn du weiterblätterst, siehst du, wo er sich befindet.)

OBERFLÄCHENSTRÖMUNG (WARM)
TIEFENSTRÖMUNG (KALT)
WASSERFÄLLE

GOLF VON MEXIKO

PAZIFIK

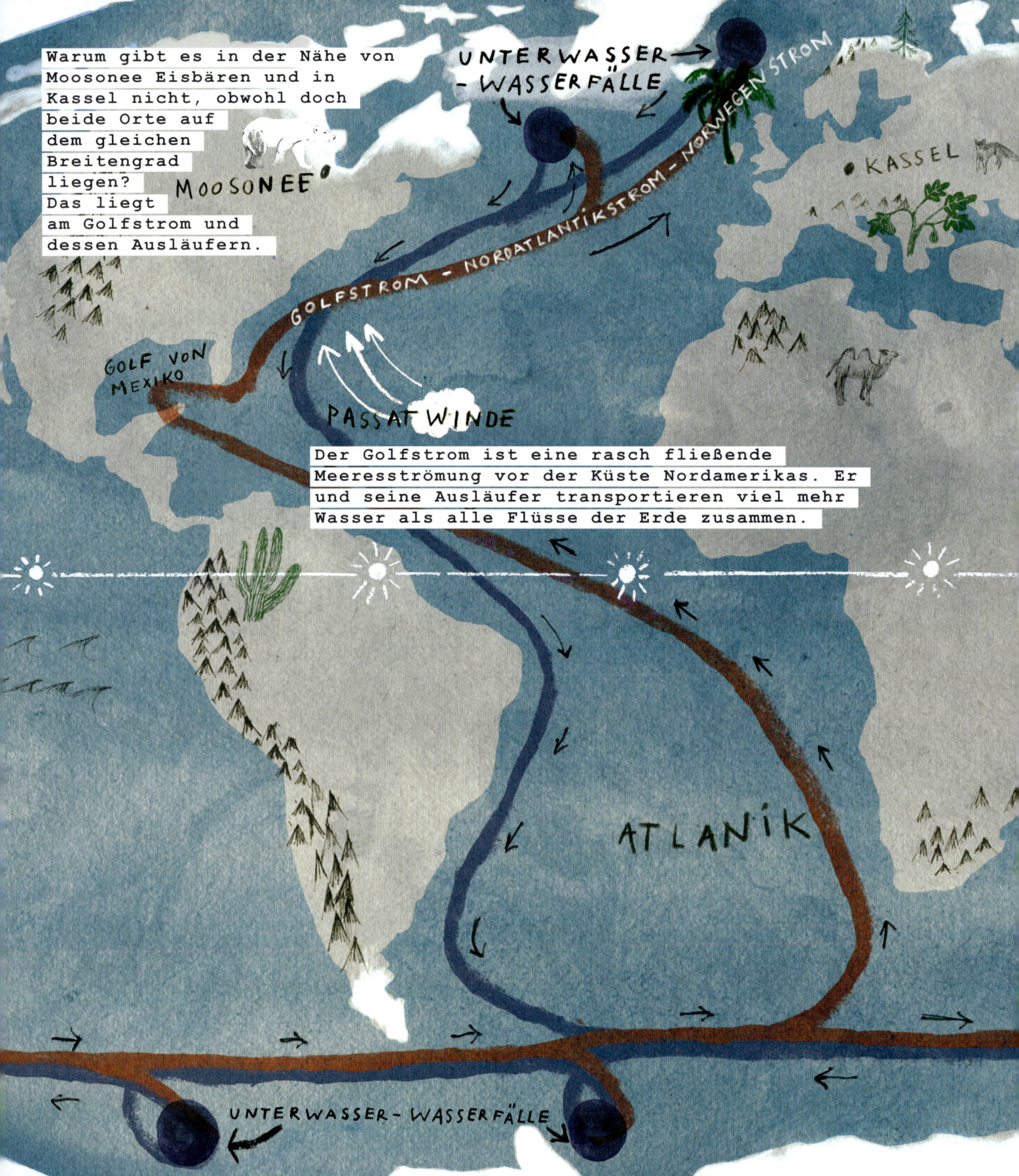

Warum gibt es in der Nähe von Moosonee Eisbären und in Kassel nicht, obwohl doch beide Orte auf dem gleichen Breitengrad liegen?
Das liegt am Golfstrom und dessen Ausläufern.

MOOSONEE

GOLF VON MEXIKO

UNTERWASSER → -WASSERFÄLLE

GOLFSTROM — NORDATLANTIKSTROM — NORWEGENSTROM

KASSEL

PASSATWINDE

Der Golfstrom ist eine rasch fließende Meeresströmung vor der Küste Nordamerikas. Er und seine Ausläufer transportieren viel mehr Wasser als alle Flüsse der Erde zusammen.

ATLANIK

UNTERWASSER - WASSERFÄLLE

INDISCHER OZEAN

Warum ist Seegras wie ein Wald unter Wasser?

Seegras sieht aus wie, na klar, Gras. Trotzdem ist es kein direkter Verwandter des Rasens, den du aus Gärten und Parks kennst. Es gehört aber auch nicht zu den Algen, sondern zu den Blütenpflanzen, da Seegras unter Wasser blüht. Im Vergleich zu den Blüten an Land sind sie jedoch recht unscheinbar, weil sie keine Bienen anlocken müssen. Den Pollentransport übernimmt im Wasser die Strömung. In Europa wachsen Seegräser an Küsten, die zwei Bedingungen erfüllen: klares, lichtdurchlässiges Wasser und sandiger Boden.

Seegras ist für unser → Klima so wichtig wie der tropische Regenwald und das Plankton. Denn wie alle Pflanzen verwandelt Seegras mit Hilfe des Sonnenlichts → Kohlendioxid in → Sauerstoff.

Früher konnte man Seegras beinahe überall im flachen Wasser finden. Doch der Dünger, der vor allem aus der Landwirtschaft über die Flüsse ins Meer getragen wird, hat vielerorts zu vermehrtem Algenwachstum geführt. Algen machen das Wasser trüb, undurchlässig fürs Sonnenlicht und überwachsen die Seegräser. Zusätzlich haben die Fischerei mit ihren Grund-Schleppnetzen und der Bau vieler Sportboothäfen dazu geführt, dass es heute viel weniger Seegras gibt als früher.

SEEGRASBLÄTTER KÖNNEN
EINEN METER LANG WERDEN!

Wo sind all die Fische hin?

Wo vor 60 Jahren noch 100 Fische schwammen, sind es jetzt nur noch 10. Und woran liegt das? Daran, dass viel mehr Fische gefangen werden, als nachwachsen können.

Früher waren es Fischer aus Dörfern und Städten am Meer, die mit ihren kleinen Booten aufs Meer hinausfuhren. Sie fingen gerade so viel, wie sie für sich selbst brauchten und auf dem Markt verkaufen konnten. Doch seit es Kühlhäuser gibt, kann Fisch viel länger aufbewahrt werden, ohne zu verderben. Der Fischfang wird meist mit riesigen Schiffen betrieben, die wesentlich mehr Fische fangen und diese gleich an Bord einfrieren. Darüber hinaus waren die Bestimmungen, wie viel Fisch gefangen werden darf, lange Zeit zu großzügig. Deshalb gibt es heute in unseren Meeren nur noch wenige Fische.

Vorsicht zum Beispiel bei Scholle und Rotbarsch. Diese Fischarten gehören nach Ansicht der Umweltschutzorganisation Greenpeace nicht auf den Teller, da ihre Bestände bedroht sind. Zu den unbedenklichen Sorten gehören derzeit zum Beispiel Hering und die Süßwasserfische Karpfen und Wels. Den aktuellen „Fisch-Einkaufsratgeber" kannst du im Internet herunterladen: www.wwf.de oder www.greenpeace.de

Was schwimmt im Meer und ist gefährlich?

Jedes Jahr landen rund acht Millionen Tonnen → Plastikmüll im Meer. Der größte Teil gelangt über Flüsse hinein und zwar dadurch, dass Müll an Flussufern liegen bleibt oder ins Wasser geworfen wird. Der Rest stammt von Touristen am Strand, aus der Fischzucht und von Schiffen, die ihre Abfälle unerlaubterweise in die Flüsse oder aber direkt ins Meer kippen. In dem riesigen Müllberg, der auf diese Weise entsteht, stecken etwa 600 Milliarden weggeworfene Plastiktüten. Jede einzelne davon braucht rund 400 Jahre, um zu verrotten. Fragt sich also: Wo bleibt das ganze Zeug?

So verrückt es klingt: Bei der Suche nach dem Müll helfen 28.800 gelbe Entchen aus Plastik. Sie gingen 1992 mit einem Container im Pazifik über Bord und tauchen seither überall auf der Welt wieder auf: in der → Arktis, an den Stränden von Hawaii – und liefern Meeresforschern wertvolle Erkenntnisse über den Verbleib des Plastikmülls. Inzwischen schwimmen fünf riesige Müllinseln im Meer. Man geht aber davon aus, dass weitaus größere Mengen zu Mikropartikeln zerfallen, die langsam absinken. Schwere Müllteile sammeln sich wahrscheinlich in Tiefseegräben. Ein weiterer Teil ist vermutlich im arktischen und antarktischen Meereis eingefroren.

Plastikmüll im Meer macht Tiere krank. Sie fressen die vom Meer klein gemahlenen Plastikteile, können sie aber nicht verdauen. Dadurch ist ihr Magen gefüllt und es bleibt kein Platz für richtige Nahrung, sodass sie bei vollem Magen verhungern. Plastik enthält außerdem krank machende Gifte wie Weichmacher und Flammschutzmittel. Viele Tiere verfangen sich auch im Müll und sterben darin.

DER WEG DES PLASTIKS

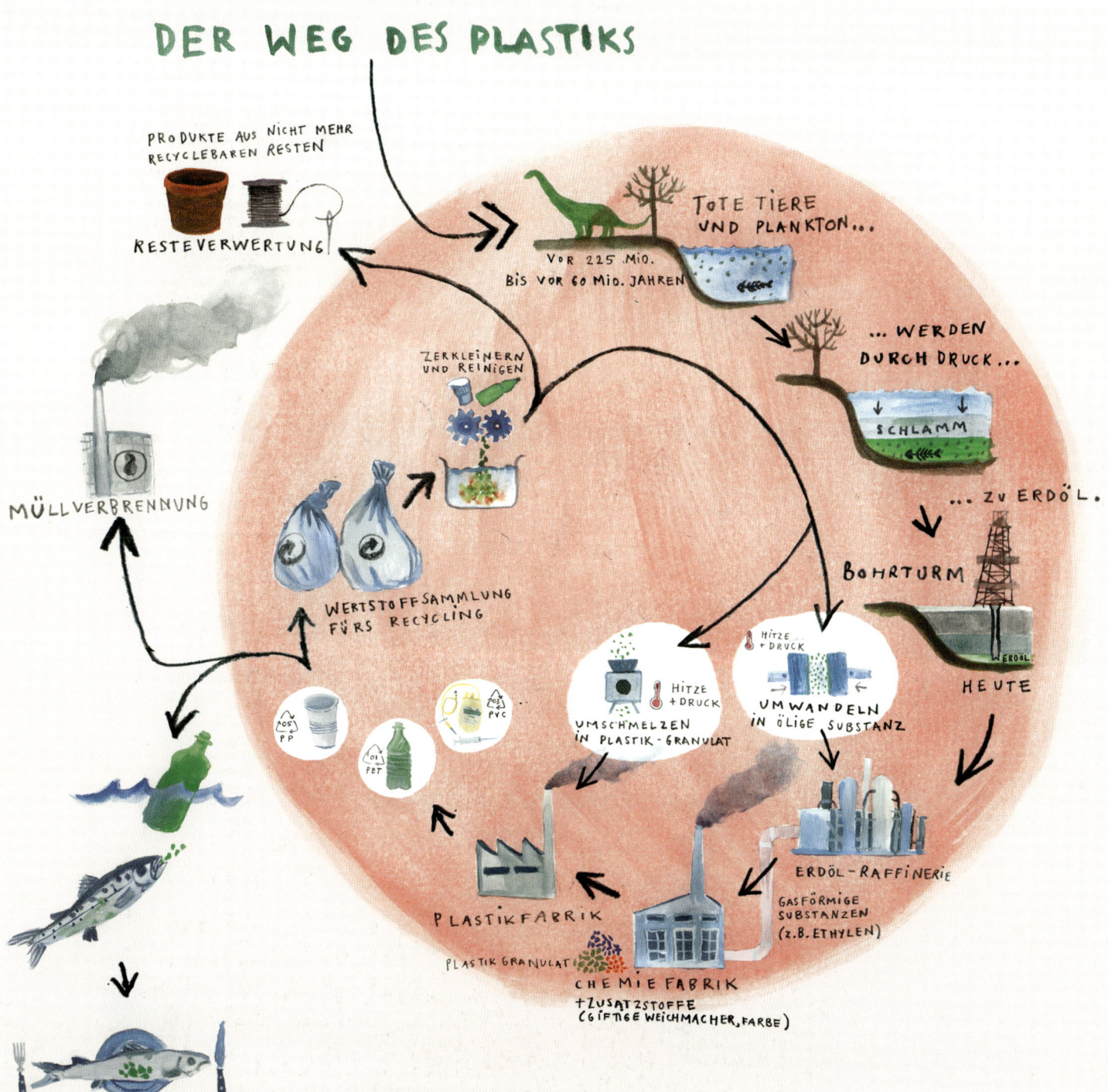

PRODUKTE AUS NICHT MEHR RECYCLEBAREN RESTEN

RESTEVERWERTUNG

TOTE TIERE UND PLANKTON...

VOR 225 MIO. BIS VOR 60 MIO. JAHREN

... WERDEN DURCH DRUCK...

SCHLAMM

ZERKLEINERN UND REINIGEN

... ZU ERDÖL.

MÜLLVERBRENNUNG

BOHRTURM

HEUTE

WERTSTOFFSAMMLUNG FÜRS RECYCLING

HITZE + DRUCK

HITZE + DRUCK

UMSCHMELZEN IN PLASTIK-GRANULAT

UMWANDELN IN ÖLIGE SUBSTANZ

05 PP

01 PET

PVC

ERDÖL-RAFFINERIE

GASFÖRMIGE SUBSTANZEN (z.B. ETHYLEN)

PLASTIKFABRIK

PLASTIK GRANULAT

CHEMIE FABRIK

+ ZUSATZSTOFFE (GIFTIGE WEICHMACHER, FARBE)

Wovon leben Wale im offenen Ozean?

Blau- und Buckelwale gehören zu den Giganten der Meere. Ausgerechnet sie ernähren sich vor allem von kleinen Garnelen. Von diesem sogenannten Krill schluckt ein Blauwal bei einem Tauchgang über eine Tonne. Pro Tag sind das etwa 40 Millionen Krillgarnelen.

💡 Bartenwale wie Blau- und Buckelwale haben anstelle der Zähne eine Art Siebplatte aus Hornfasern, mit der sie den Krill und andere kleine Tiere aus dem Wasser filtern.

🐋 Viele Walarten wurden im letzten Jahrhundert rücksichtslos gejagt und sind jetzt vom Aussterben bedroht. Zum Glück ist der Walfang heute fast überall verboten. Nur in einigen Ländern, zum Beispiel in Norwegen und Japan, werden Wale immer noch gefangen und getötet.

EIN WAL KANN 15 MINUTEN UNTER WASSER BLEIBEN.

Wie entstehen Wind und Stürme?

Weil die Erde eine Kugel ist, treffen Sonnenstrahlen in unterschiedlichen Winkeln dort auf. Wenn sie die Erde im → rechten Winkel treffen, erwärmen sie Luft und Wasser besonders stark. Wo sie schräg auftreffen, bleibt es dagegen kühl. Deshalb ist es in der Nähe des Äquators immer heiß und an den Polen eiskalt. Die warme Luft steigt am → Äquator auf, kühlt auf dem Weg zu den Polen wieder ab – und sinkt dabei. Durch das Aufsteigen entsteht am Äquator unten ein Tiefdruckgebiet (T) und in der Höhe ein Hochdruckgebiet (H). Durch die Wärmeunterschiede auf der Erde bleibt die Luft immer in Bewegung: Warme Luft steigt nach oben und kältere Luft strömt nach, um die Lücke zu schließen. So entsteht Wind. Im Meer ist das ganz ähnlich: Das von der Sonne unterschiedlich erhitzte Wasser gerät in Bewegung und es bilden sich Meeresströmungen.

💡 Da die Erde sich dreht, werden die Bewegungen auf der Nordhalbkugel nach rechts und auf der Südhalbkugel nach links abgelenkt. Das ist die Folge der → Corioliskraft. Deshalb weht der Wind in bestimmten Regionen der Erde fast immer aus ein und derselben Richtung – bei uns zum Beispiel meistens aus Westen.

POLARE OSTWINDE

WESTWINDE

NORDOST-
PASSAT

SÜDOST-
PASSAT

WESTWINDE

POLARE OSTWINDE

Wie überleben Meerestiere am Felsen?

Im Wattenmeer graben sich viele Tiere tief in den Sand ein, um nicht weggespült zu werden. An der Felsküste haben die Lebewesen fünf andere Strategien: festsaugen, festkleben, festzementieren, festwachsen und flexibel sein.

💡 Seesterne halten sich mit ihren Saugfüßchen fest. Napfschnecken kriechen nach einem Futterausflug immer wieder an denselben Platz zurück, um sich dort festzusaugen. Ihr Panzer hat sich an genau diese Stelle so perfekt angepasst, dass auch die stärkste Welle sie nicht bewegen kann. Miesmuscheln sind Klebeexperten. Sie bilden lange, superstabile Fäden, mit denen sie sich aneinander und an die Felsen kleben. Seepocken verwenden dagegen eine Art Zement, mit dem sie sich so fest an ihren Untergrund mauern, dass man sie – anders als die → Muscheln – auch nicht mit Gewalt lösen kann. Algen wachsen mit ihren wurzelähnlichen Haftorganen auf ihrem Untergrund fest. Ihre Blätter sind zudem flexibel, um sich der Strömung anpassen zu können.
Eigentlich muss ein Untergrund trocken, sauber und fettfrei sein, damit man darauf kleben kann. Der Meeresgrund ist aber immer nass, oft schmutzig und manchmal auch schmierig. Miesmuscheln können sich trotzdem darauf festkleben und besitzen daher eine Art Superkleber, den man sehr gern nachmachen würde. Hast du eine Idee, wie die Muscheln das schaffen?

SPRITZWASSERZONE

KLIPPENASSEL

NAPFSCHNECKE

Nur bei Hochwasser überflutet

STRANDSCHNECKE

SEEPOCKEN

NAPFSCHNECKE

Auch bei Niedrigwasser
überflutet

MIESMUSCHELN

KÄFERSCHNECKEN

ENTEN-
MUSCHELN

GEZEITEN-
ZONE

EINSIEDLERKREBS

SEEPOCKEN

SEESTERN

immer
überflutet

BRAUNALGEN

SEEANEMONE

SEEIGEL

GRÜNALGEN

SCHLANGENSTERN

Warum ist das Meer manchmal voller Quallen?

Es gibt heute tatsächlich mehr → Quallen als früher, und das hat mehrere Gründe. Durch die Klimaerwärmung ist das Wasser so warm, dass sich vor allem Feuerquallen stark vermehren. Außerdem gibt es an überdüngten Küsten mehr Plankton und weniger Fische, was wiederum bedeutet, dass Quallen konkurrenzlos Futter finden. Da sich Quallen außerdem auch von → Fischbrut ernähren und sie dadurch zusätzlich die Fischbestände verringern, verschiebt sich das Verhältnis der Arten immer weiter zu ihren Gunsten. In manchen Gewässern, wie im dänischen Limfjord, haben Quallen die Fischbestände fast vollkommen verdrängt.

💡 Durch die drei „Ü" – Überdüngung, Überwärmung und Überfischung – sind wir dabei, das Meer wieder in den Zustand von vor 500 Millionen Jahren zurückzuverwandeln. Das heißt: Dann gäbe es keine Fische mehr, aber sehr viele Quallen. Dem Meer wird es heute wie damals gut gehen damit. Aber für uns ist es schlimm: Denn sind die Fische erst einmal weg, kann man sie nicht einfach wieder zurückholen.

ERFORSCHE ich das MEER?

Forschen ist toll, denn dadurch verstehst du immer mehr von der Welt. Und nicht nur das: Mit etwas Glück kannst du etwas entdecken, was noch niemand zuvor gesehen hat.

Wie entstehen Sandschichten?

Das brauchst du:
1 Schraubdeckelglas
Bodenprobe (tiefer Spatenstich!)
Wasser

Sand wird vom Wasser am Strand abgelegt und dabei nach Größe und Gewicht sortiert. Mit einer Bodenprobe vom Strand oder aus dem Garten kannst du diesen Prozess im Glas nachbauen.

So geht's: Probe ins Glas geben, mit Wasser auffüllen, zuschrauben, schütteln, abwarten. Besonders spannend: Sammle verschiedene Proben und vergleiche die Ergebnisse miteinander!

Wie tief ist das Meer?

Das brauchst du:
1 Schraubdeckelglas
Rübensirup
gefärbtes Wasser
Sonnenblumenöl
Franzbranntwein

FRANZBRANNTWEIN

SONNENBLUMENÖL

GEFÄRBTES
WASSER

RÜBENSIRUP

Das Meer besteht aus mehreren Lebensräumen in Schichten, deren Bezeichnungen fast so schön wie Dinosauriernamen klingen. Bis 200 Meter heißt die Schicht Epipelagial. Darunter befindet sich bis 1.000 Meter das Mesopelagial. Das Bathypelagial geht bis 4.000 Meter. Darunter liegt bis 6.000 Meter die Tiefsee – das Abyssopelagial. Ihre tiefsten Gräben reichen bis 11.000 Meter und heißen Hadopelagial.

Du kannst dir ein Bild von der Schichtung machen, wenn du Flüssigkeiten mit unterschiedlicher Dichte nacheinander in ein Glas füllst.

Wie macht man aus Salzwasser Trinkwasser?

Das brauchst du:
1 heißer Sommertag
1 große Schüssel mit Meer- oder Salzwasser
1 kleine Schale oder Tasse
Frischhaltefolie
1 Gummiband
1 kleiner Stein

💡 Salzwasser ist ungenießbar. Wie gut, dass mit einem Trick Süßwasser daraus wird!

🧪 Und zwar so: Fülle Salzwasser in die große Schüssel und stelle die kleine Schale mitten hinein. Frischhaltefolie so über die Schüssel spannen, dass sie nicht zu stramm sitzt, aber den Rand abdichtet. Folie mit dem Gummiband fixieren und den Stein auf die Folienmitte genau über die kleine Schale legen. Schüssel mehrere Stunden in der direkten Sonne stehen lassen, damit sie das Wasser erhitzt. So entsteht Wasserdampf, dessen kleine Tröpfchen als → Kondenswasser auf der Plastikfolie niederschlagen. Nach und nach tropft es in die kleine Schale. Probier mal! Das Wasser ist vollständig entsalzt.

Warum bleiben Seevögel beim Schwimmen trocken?

Das brauchst du:
1 Schale mit Wasser
2 Streifen Tonpapier
Pflanzenöl

OHNE ÖL   MIT ÖL

Bei vielen Schwimmvögeln ist die Bürzeldrüse besonders ausgebildet. Diese Drüse befindet sich an der Oberseite der Schwanzwurzel, dem Bürzel. Sie enthält ein öliges Sekret, das der Vogel mit dem Schnabel oder mit den Beinen im gesamten Gefieder verteilt. Dieses regelmäßige Einfetten macht das Gefieder wasserabweisend.

Wie gut das funktioniert, kannst du ausprobieren:
Reibe einen der zwei Pappstreifen von beiden Seiten mit Öl ein. Tauche die Streifen dann ins Wasser. Erkennst du den Unterschied?

Warum müssen manche Fische trinken?

Das brauchst du:
Weingummi mit Gelatine
2 Gläser
Wasser
Salz

SÜSSWASSER   KEIN WASSER   SALZWASSER

Salzwasser entzieht Fischen über die Haut Wasser. Deshalb müssen Salzwasserfische die ganze Zeit trinken, während Süßwasserfische über die Haut Wasser aufnehmen und viel Pipi machen. Den Austausch über die Haut nennt man → Osmose. Beide Fischarten können sich nicht anders verhalten. Süßwasserfische verdursten daher im Salzwasser. Und Salzwasserfische trinken Süßwasser, bis sie platzen.

Weingummi mit Gelatine verhalten sich in Salz- und Süßwasser ganz ähnlich: Löse möglichst viel Salz in einem Glas Wasser auf. Lege Weingummi hinein. Gib in ein zweites Glas Wasser ebenfalls Weingummi. Warte einen Tag ab und vergleiche die Größen.

Was machen Algen in Nahrungsmitteln?

<u>Das brauchst du:</u>

250 ml Saft oder 200 ml Wasser mit 50 ml Sirup
7 gestrichene Teelöffel Agar-Agar
1 Puddingform

Gummibärchen gelieren mit Gelatine, die vor allem aus Schweinehaut hergestellt wird. Algen können Gelatine ersetzen. Wenn du auf einem Lebensmittel die Nummer E 406 entdeckst, ist damit Agar-Agar gemeint. Das ist ein Pulver, das aus den Zellwänden einiger Algenarten hergestellt wird. Es ist ziemlich geschmacksneutral und macht Flüssigkeiten auch fest.

Probiere es mit einem selbst gemachten Wackelpudding aus: den kalten Saft mit Agar-Agar in einen Topf geben und 10 Minuten quellen lassen. Dann aufkochen. Umrühren nicht vergessen! 3 Minuten sprudelnd kochen lassen. Danach den heißen Pudding in eine Form gießen und im Kühlschrank erkalten lassen.

Warum brechen Wellen immer an der Küste?

Das brauchst du:
1 Schraubdeckelglas
gefärbtes Wasser
Salatöl

Wellen, die auf den Strand zulaufen, werden vom Meeresboden gebremst. Dabei wird nur der untere Teil der Welle langsamer, der obere Teil der Welle rollt ungebremst weiter. Dadurch überholt der obere den unteren Teil. Die Welle bekommt Übergewicht und kippt nach vorne: Sie bricht.

Das Glas zur Hälfte mit dem Wasser füllen, dann komplett mit Salatöl auffüllen und gut verschließen. Das Glas in der Hand langsam nach rechts und links kippen. Durch die Kippbewegung entsteht in der Flasche eine Welle, die du prima beobachten kannst.

Warum verkümmern Süßwasserpflanzen im Salzwasser?

Das brauchst du:
2 Gläser
4 frische Salatblätter
Wasser
Salz
1 Teelöffel

Salz verändert das Wasser. Süßwasser kann von den Pflanzen durch Wurzeln und Stängel aufgesogen werden. Kommt Salz ins Spiel, verläuft das umgekehrt: Das Salzwasser entzieht der Pflanze Flüssigkeit.

Probiere: Fülle zwei Gläser zur Hälfte mit kaltem Wasser. Gib in eines zwei Teelöffel Salz hinein. Gut umrühren! Setze je zwei Salatblätter in das Wasser – wie Blumen in eine Vase, also mit der Schnittstelle nach unten. Vergleiche die Blätter eine halbe Stunde später!

SÜßWASSER

SALZWASSER

Warum trägt das Wasser im Meer mal mehr und mal weniger?

Das brauchst du:
2 gleiche Gläser
Wasser
Lebensmittelfarbe
Salz
1 Postkarte

Salzwasser ist schwerer als Süßwasser. Deshalb kann es Süßwasser tragen – und hält auch dich beim Schwimmen leichter oben. Teste es im Spülbecken in der Küche aus. Fülle beide Gläser randvoll mit gefärbtem Wasser. Löse in einem Glas möglichst viel Salz auf. Lege die Postkarte mit der Textseite nach unten auf das ungesalzene Wasser. Drücke die Karte an, damit sie die Wasserfläche abdichtet. Halte sie mit der flachen Hand fest und drehe das Glas zügig kopfüber. Karte vorsichtig loslassen – sie hält das Wasser im Glas. Glas samt Karte passgenau auf das zweite Glas stellen. Halte das obere Glas fest, während du vorsichtig die Karte rausziehst. Was passiert? Das leichtere Wasser bleibt oben.

SÜßWASSER

SALZWASSER

Warum ist das Meerwasser oben immer am wärmsten?

Das brauchst du:
2 gleiche Gläser
sehr warmes Wasser
eiskaltes Wasser
Lebensmittelfarbe
1 Postkarte
2 Plastikhandschuhe

HEIßES SÜßWASSER

KALTES WASSER

In warmem Wasser sitzen die winzig kleinen Wassermoleküle weniger dicht zusammen als in kaltem. Warmes Wasser ist daher leichter als kaltes. Das glaubst du nicht? Probiere: Fülle beide Gläser randvoll – das eine Glas mit blau gefärbtem Eiswasser, das andere mit möglichst warmem, rotem Wasser. Ziehe die Handschuhe an, um die Gläser besser halten zu können. Lege die Postkarte mit der Textseite nach unten auf das warme Wasser. Fahre fort, wie auf der linken Seite beschrieben. Je größer der Temperaturunterschied, desto deutlicher verläuft die Trennlinie zwischen warm und kalt.

Warum steigt der Meeresspiegel?

Das brauchst du:
1 Schüssel
viele Eiswürfel
Wasser

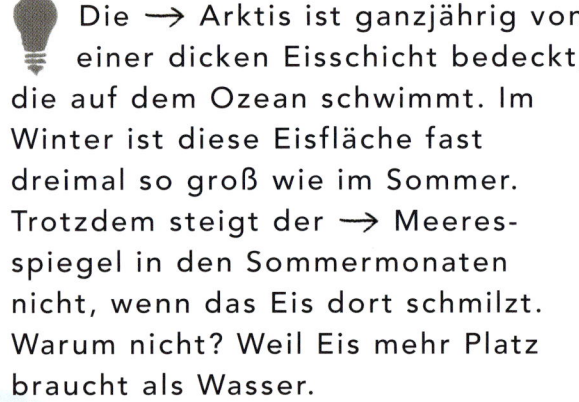

Die → Arktis ist ganzjährig von einer dicken Eisschicht bedeckt, die auf dem Ozean schwimmt. Im Winter ist diese Eisfläche fast dreimal so groß wie im Sommer. Trotzdem steigt der → Meeresspiegel in den Sommermonaten nicht, wenn das Eis dort schmilzt. Warum nicht? Weil Eis mehr Platz braucht als Wasser.

Lege zuerst Eiswürfel in die Schale und fülle sie dann bis zum Rand mit Wasser. Das Eis ragt nun zum Teil aus dem Wasser heraus. Was passiert, wenn es schmilzt? Nichts. Kein Tropfen Wasser geht daneben. Das heißt: Schmelzen schwimmende Eisberge im Meer, steigt der Meeresspiegel nicht. Und warum tut er es trotzdem? In der → Antarktis liegt das Eis vor allem auf dem Festland. Wenn dieses Eis schmilzt, entsteht zusätzliches Wasser – und der Meeresspiegel steigt.

Wie überleben Fische im Winter in eiskaltem Wasser?

Das brauchst du:
1 Schüssel
1 Plastikhandschuh
Margarine oder sehr fette Creme
eiskaltes Wasser

WIE LANGE HÄLST DU
DIE KÄLTE MIT FETT
AUS? WIE LANGE OHNE?

Eine dicke Speckschicht macht auch Fische immun gegen Kälte. Zusätzlich können sie ihre Körpertemperatur an die Umgebung anpassen. Wenn das Wasser 7 Grad kalt ist, sind die Fische genauso kalt. Wichtig ist für ihr Überleben, dass sie sich nicht bewegen. Denn mit jedem Flossenschlag verbrauchen sie Energie, und die Fettschicht wird dünner. Halte zunächst deine Hand ins Eiswasser. Na, wie fühlt sich das an? Ziehe dann den Handschuh an und bestreiche die Hand dick mit Margarine. Tauche die Hand jetzt noch einmal unter Wasser. Spürst du den Unterschied?

Wie entstehen Rippelmarken?

Das brauchst du:
Schlämmkreide aus der Apotheke oder fein geriebene Straßenkreide
1 Teller
Wasser
1 Teelöffel

💡 Die Rippelmarken am Strand und im Watt werden durch Wasser- oder Windströmung verursacht. Dabei entstehen gerade oder schwach gebogene Furchen auf Sand, Schlamm oder Schnee. Die britische Physikerin Hertha Ayrton hat sie Anfang des 20. Jahrhunderts zum ersten Mal untersucht. Sie schüttete auf den Boden eines mit Wasser gefüllten Gefäßes eine dünne Schicht Sand. Dann brachte sie das Gefäß zum Schwingen und es entstanden Rippelmarken.

🧪 Das kannst du nachmachen: Mixe dazu einen guten Teelöffel Kreidepulver mit etwas Wasser. Stelle den Teller auf einen Tisch und gib drei oder vier Teelöffel von dem flüssigen Brei darauf. Schiebe den Teller in schnellen, kurzen Bewegungen hin und her, so als ob du den Brei durch ein Sieb schütteln würdest. Falls keine Rippel entstehen, gieße etwas Wasser ab.

Was hat das Meer mit dem Wetter zu tun?

Das brauchst du:
1 Zipp-lock-Beutel
etwas blau gefärbtes Wasser
1 kleiner Plastikbecher
Klebeband

Warmes Meerwasser verdunstet und steigt als Dampf nach oben. Es bilden sich Wolken, die zu schweren Regenwolken werden. Wenn es regnet, fällt das Wasser wieder auf die Erde.

Als Modell kannst du diesen Kreislauf in einer Tüte nachbauen. Das Wasser kommt in den Becher, in eine Tütenecke. Klebe die Tüte nun mit dem verschlossenen Reißverschluss nach oben an ein sonniges Fenster. Wasserdampf sammelt sich an den Wänden der Tüte und kühlt ab. Er kondensiert, das heißt, das gasförmige Wasser wird wieder flüssig. Die Tropfen rutschen an der Tüte wieder hinunter – es regnet!

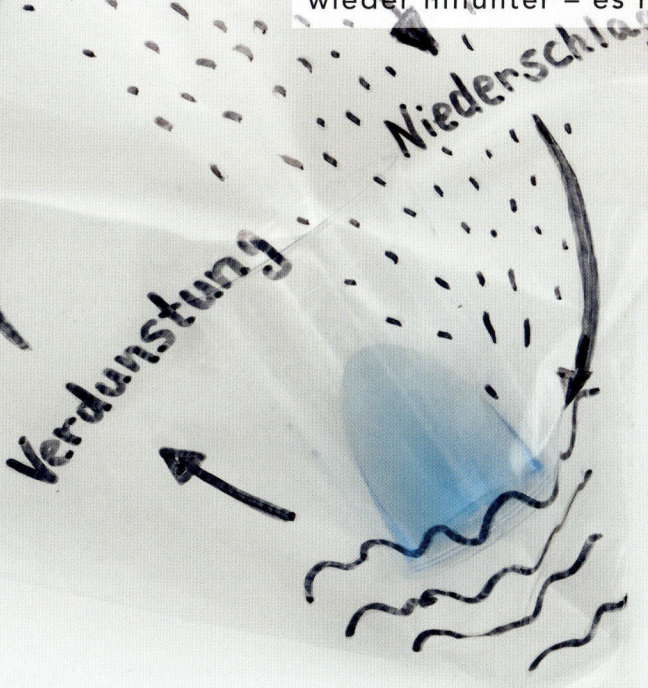

Was passiert mit den Muscheln, wenn das Meer sauer wird?

Das brauchst du:
Muschelschalen
1 Schraubdeckelglas mit Obstessig
1 Schraubdeckelglas mit Süßwasser

SÜßWASSER

OBSTESSIG

💡 Durch Abgase steigt die Menge des → Kohlendioxids in der → Atmosphäre. Ein Teil des Kohlendioxids in der Luft verbindet sich sehr leicht mit Wasser zu Kohlensäure. Kohlensäure heißt nicht nur Säure, sondern ist auch sauer – und ätzt den Kalk der → Muscheln weg.

🧪 Du kannst es ganz einfach überprüfen, wenn du Muschelschalen in zwei Gläser gibst und eines mit Leitungswasser auffüllst und das andere mit Essig. Wie sehen die Schalen zwei Tage später aus?

Was brauchen Algen, um zu wachsen?

Das brauchst du:
Meer- oder Teichwasser
4 verschließbare Gläser
Flüssigdünger
1 Teelöffel
je 2 Klebepunkte in 3 Farben

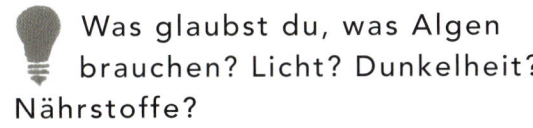 Was glaubst du, was Algen brauchen? Licht? Dunkelheit? Nährstoffe?

Du kannst es herausfinden, wenn du deine Wasserprobe auf vier Gläser verteilst. Denn in diesem Wasser sind immer winzig kleine Algen enthalten. Gib in zwei Gläser zusätzlich zwei Teelöffel Flüssigdünger. Verschließe die Gläser. Stelle ein Glas mit und ein Glas ohne zusätzlichen Dünger in einen dunklen Raum. Stelle die anderen beiden Gläser so, dass sie jeden Tag möglichst viel Tageslicht und Sonne erhalten. Markiere die Gläser mit Klebepunkten. Beobachte die Algen zwei Wochen lang.

OHNE SONNE
OHNE DÜNGER

OHNE SONNE
MIT DÜNGER

MIT SONNE
OHNE DÜNGER

MIT SONNE
MIT DÜNGER

KANN ICH an den Küsten entdecken?

Liebst du das Gefühl, in ein glitzerndes Meer einzutauchen? Und willst du wissen, wer in dieser für uns meist unsichtbaren Welt lebt? Hier lernst du die unterschiedlichen Küstenarten und ihre Bewohner kennen.

Wo findest du welche Küste in Europa?

Was bedeutet eigentlich das Wort Küste? Gemeint ist damit der Übergangsbereich vom Festland zum Meer. Oder genauer: der Streifen zwischen dem höchsten Punkt an Land, der bei Hochwasser noch überflutet wird, und dem Bereich im Meer, in dem die Wellen brechen. Den nennt man auch Brandungszone.

Sehen Küsten überall gleich aus? Nein. Grob gesehen gibt es sechs Unterschiede: steinig und sandig, sanft oder steil, gerade oder geschwungen. Diese Merkmale kommen wiederum in unterschiedlichen Kombinationen vor und daraus lassen sich die Küstentypen ableiten, die wir in diesem Kapitel vorstellen. Ihre Namen und die Gegenden, wo sie sich in Europa befinden, findest du auf der Karte rechts.

Wie sind die unterschiedlichen Küstentypen entstanden? Tag für Tag werden die Küsten von Strömung und Brandung bearbeitet, die von Winden und Gezeiten angetrieben werden. Die andere gewaltige Kraft, die in Mittel- und Nordeuropa die Küsten geformt hat, ist die der → Gletscher. Bis zum Ende der → Eiszeit vor 10.000 Jahren war es bei uns so kalt, dass das Meer und das Land unter kilometerdicken Eisschichten und Gletschern verborgen lagen. Wandernde Gletscher haben mit ihrem gewaltigen Gewicht das Gestein unter sich abgeraspelt und Schutt und Geröll zurückgelassen. Der → Meeresspiegel lag über hundert Meter tiefer als heute, weil so viel Wasser zu Eis gefroren war.

BUCHTENKÜSTE
FELSKÜSTE
STEILKÜSTE
MITTELMEERKÜSTE
AUSGLEICHSKÜSTE
WATTENMEERKÜSTE
LAGUNE

NORDSEE

OSTSEE

ATLANTIK

MITTELMEER

Wie sieht es an der Buchtenküste aus?

An einer Buchtenküste springt die Küstenlinie immer wieder vor und zurück. Und weil es in den Buchten wenig Strömung gibt, werden von den Wellen ständig Sand und Steine am Strand abgelagert. An manchen Stellen bildet sich dadurch eine Art Nase, die weit ins Meer hineinragt. Offiziell heißt dieser Vorsprung Nehrung.

Wo findet man diesen Küstentyp? An weiten Strecken der Ostseeküste und der Nordseeküste. An allen dänischen → Inseln außer Jütland. An litauischen, lettischen und estnischen Küsten. Und an der polnischen Küste ab Danzig. Die finnische Süd- und Westküste und die schwedische Ostseeküste sind zwar auch buchtig, gehören aber eher zu den Felsküsten.

Was müssen Tiere und Pflanzen hier können? An der Ostsee müssen sie mit verdünntem Salzwasser klarkommen, denn die Ostsee ist ein Brackwassermeer. So nennt man den Übergang zwischen Salzwasser und Süßwasser. Für Salzwasserfische heißt das: Je süßer die Ostsee ist, desto schwieriger wird es. Denn in Wasser mit sehr niedrigem Salzgehalt können sie nicht überleben. Für Süßwasserfische ist dagegen auch leicht salziges Wasser schon zu salzig. Deshalb gibt es in der Ostsee im Vergleich zu anderen Meeren nur wenige Tier- und Pflanzenarten.

Der Strand der Ostsee ist ein Geheimtipp für Sammler: Kein Stein gleicht dem anderen in Größe, Form, Farbe oder Material. Mit etwas Glück findest du → Versteinerungen oder Hühnergötter. Letztere sind Steine mit einem Loch.

Schnorcheln in der Seegraswiese

Die Ostsee ist ein super Schnorchelrevier – auch wenn das Wasser manchmal trüb ist und man keine bunten Korallen findet. In den Seegraswiesen kannst du nämlich jede Menge Fische, Seesterne, Schnecken und Schwämme entdecken.

Die alten Seegrasblätter im ⟶ Spülsaum werden bis zur Verwesung restlos genutzt: ⟶ Watvögel finden versteckte ⟶ Muscheln und Krebse darin. Strandfliegen legen ihre Eier hinein. Und die geschlüpften Larven ernähren sich von den alten Seegrasblättern.

Kennst du die fünf wichtigsten Schnorcheltipps?
1. Schnorchel nie allein und nur dort, wo es keine starken Meeresströmungen oder Wellen gibt. Suche dir einen flachen Sandstrand, um ins Wasser zu gehen.
2. Lege dich bei knietiefem Wasser flach auf den Bauch. Stütze dich mit den Händen auf und schaue durch die Brille ins Wasser. Atme dabei ruhig durch den Schnorchel.
3. Deine Flossen verstärken deine Bewegungen und helfen dir dabei, dich ohne viel störendes Spritzen schnell zu bewegen. Halte die Beine nah zusammen und die Arme an deinen Seiten. So reduzierst du den Wasserwiderstand und wühlst das Wasser nicht unnötig auf.
4. Verhalte dich unter Wasser so, als würdest du einen Film anschauen. Das heißt, fasse unter Wasser keinen der Meeresbewohner an.
5. Verlasse das Wasser genauso aufmerksam, wie du hineingegangen bist. Bevor du dich wieder hinstellst, kontrolliere erst den Boden.

Der atlantische HERING ist ein → Wanderfisch, der zwischen Süß- und Brackwasser wechselt.

Auf den Meeresgrund gehen

Die Ostsee ist fast überall von Land umgeben. Dadurch wird das salzige Meerwasser ständig vom Süßwasser der Flüsse verdünnt. Weil der Salzgehalt so niedrig ist, leben hier Salz- und Süßwasserfische – aber nur etwa 144 Fischarten insgesamt. Zum Vergleich: Im Mittelmeer leben über 700.

SEENADELN sind Verwandte der Seepferdchen und bewohnen alle Weltmeere. Sieben verschiedene Arten leben im Brackwasser.

Seegräser bremsen mit ihren langen Halmen die Wellenbewegung etwas ab. Damit bieten sie vielen kleineren Tieren Schutz, die sonst von der Brandung mitgerissen würden. Aus diesem Grund suchen viele Fischmütter Seegraswiesen auf, um ihre Eier abzulegen. Die geschlüpften Fische ernähren sich von den kleinen Algen, die auf dem Gras wachsen. Praktisch: Denn nur mit sauberen Blättern bekommt das Seegras ausreichend Sonnenlicht, um gut zu wachsen.

Halte beim Tauchen die Luft an. Dein Schnorchel füllt sich dabei mit Meerwasser. Nach dem Auftauchen atmest du aus, indem du die Luft kräftig durch den Schnorchel pustest. Stoße alles übrige Wasser mit einem zweiten kraftvollen Atemstoß aus. Danach kannst du ganz normal weiteratmen.

OHRENQUALLEN kannst du anfassen, sie brennen nicht. Du erkennst sie an den vier ohrenförmigen Gonaden. So nennt man die Geschlechtsorgane, die wie ein Kleeblatt geformt sind.

Schnorchlerin und Strandreiterin

Fühlt sich das eigentlich wie jeden Tag Ferien an, wenn man direkt an der Ostsee wohnt?
Greta: Nee, ich muss ja auch zur Schule. Aber wenn ich mit dem Schulbus morgens an der Kiellinie entlangfahre, macht mich das froh. So nennen wir die Hafenpromenade in Kiel, und dort glitzert das Wasser so schön in der Sonne.

Und wenn du für den Strand Zeit hast, was machst du dann?
Greta: Ich schnorchle oft mit meinem Vater und meinem Bruder. Wir schnorcheln mit Anzug und Kopfhaube, weil mir sonst so schnell kalt wird. Ich trage dann noch Blei, damit ich besser tauchen kann. Wenn ich schwerer geworden bin, will ich unbedingt Kitesurfen lernen.

Hier gibt es so viele Algen. Hast du schon mal welche probiert?
Greta: Von hier? Nein! Die esse ich nur beim Sushi.

Wie ist es im Winter?
Greta: Kalt. Da gehen wir nicht baden, aber dann darf man am Strand reiten. Im Sommer ist das verboten. Wenn es sehr kalt ist, kann man manchmal Schlittschuh laufen. Und wenn man in der Nacht hier ist, sieht man alle Sterne. Dann muss man sich ganz dick einpacken, aber das finde ich auch sehr schön.

ALGEN haben statt Wurzeln eine Haftscheibe. Damit können sie sich an Steinen oder anderen Dingen anheften.

„Mein Pferd trinkt Ostseewasser, weil es nicht so salzig ist. Im Herbst fahren wir mit ihm nach Dänemark an den Hennestrand – da schauen wir mal, ob ihm das salzige Meerwasser auch schmeckt."

Greta (11) wohnt in Kiel. Dort ragt das Meer bis mitten in die Stadt. Einmal im Jahr gibt es ein riesiges Fest – dann findet die größte Segelregatta der Welt statt.

16

Hier schwimmen ein paar Fische herum, die eigentlich nicht in der Ostsee vorkommen. Manche Arten sind aber schon heimisch geworden. Erkennst du sie?

1 Lippfisch, 2 Wollhandkrabbe, 3 Sardine, 4 Mnemiopsis, 5 Igelfisch, 6 Tiefseefisch, 7 Hornhecht, 8 Garnele, 9 Petermännchen, 10 Fliegender Fisch, 11 Schlangenstern, 12 Kugelfisch, 13 ← Flunder

Was ist eigentlich ein Neozoon?

Gibt es Tiere, die neu bei uns sind? Die Wollhandkrabbe zum Beispiel. Sie gedeiht prächtig, weil sie keine natürlichen Fressfeinde bei uns hat. So ein Neubürger wird in der Biologie Neozoon genannt. Den Wechsel von einem Kontinent auf den anderen schaffen aber nur extrem anpassungsfähige Arten. *Und stören sie jemanden?* Die Fischer an Elbe und Havel mögen die Wollhandkrabbe zum Beispiel nicht, weil sie mit ihren Scheren Fische töten und Fangnetze zerstören kann. Beim → Angeln mit Köderfisch auf Grund knabbern sie den Köder vom Haken, ohne dass der Angler es bemerkt. Manchmal bringen sie Dämme zum Einstürzen. Das schaffen sie aber nur, wenn sie in Massen Hohlgänge graben. *So macht man sich natürlich nicht beliebt.* Das stimmt. In China ist das anders. Da gelten Wollhandkrabben als Delikatesse. Hier mag man sie eher nicht so, weil sie an große Spinnen erinnern.

Wie kommt denn zum Beispiel ein Tier aus China in die Ostsee? Schwimmt es den ganzen Weg? Nein. Das geht so: Große Frachtschiffe nehmen im Hafen bei Fahrten ohne Ladung viel Meerwasser in speziellen Tanks auf, um eine stabile Lage zu behalten. Dieses → Ballastwasser enthält viele kleine Organismen – aber auch größere Meeresbewohner. Viele von ihnen sterben während der Fahrt, weil sie kein Futter bekommen oder sich die Wassertemperatur verändert. Aber einige überleben und werden mit dem Ballastwasser in einem anderen Hafen aus dem Schiff gepumpt. So geraten sie manchmal auf einen ganz anderen Kontinent und in ein neues Ökosystem.

Thorsten Reusch ist Meeresbiologe in Kiel. Er erforscht, wie Fische und andere Meeresbewohner es schaffen, sich an den Klimawandel anzupassen.

Wie sieht es an der Felsküste aus?

An der britischen Küste und am Mittelmeer sind die Felsen eher eckig und schroff. In Schweden, Norwegen und Finnland sind sie dagegen rund wie riesige Kieselsteine. Das liegt an den → Gletschern der letzten → Eiszeit. Das Eis hat ganz Skandinavien bedeckt und den felsigen Untergrund ganz glatt geschmirgelt.

Wo findet man diesen Küstentyp? Hier siehst du die Küste von Westschweden. Felsküsten sind typisch für Skandinavien. Außerdem findet man sie in Großbritannien, im Westen Frankreichs und im Süden des Mittelmeeres. In Deutschland, das heißt an Nord- und Ostsee, gibt es dagegen kaum felsige Küsten. Mit einer Ausnahme: Helgoland.

Was müssen Tiere und Pflanzen hier können? Die starke Brandung aushalten. Tiere und Pflanzen, die hier überleben wollen, müssen sich extrem gut festhalten, um nicht fortgespült zu werden.

38

An der Felsküste findest du im → Spülsaum Tiere und Pflanzen, die von der Brandung auf den Strand geworfen wurden. Zum Beispiel Muschelschalen, Schneckenhäuser, Tintenfischschulpen, Eikapseln von Rochen und Katzenhaien.

Hummer fangen im September

Die Südwestküste von Schweden gehört zum Skagerrak, dem Meeresteil zwischen Nord- und Ostsee. Das Meer ist hier fast so salzig wie die Nordsee und auch nah an der Küste bis 250 Meter tief. Deshalb gibt es hier auch viele Tiere, die im Wattenmeer und in der Ostsee nicht vorkommen: Hummer zum Beispiel.

Der norwegische Hummer heißt auch KAISERGRANAT und gehört zu den Krebsen. Er wird bis zu 20 cm lang und 10 Jahre alt.

Kleine Tiere werden nicht gefangen. Sie können hier wieder rausschwimmen.

In so einem Korb werden die Hummer nach dem Fang im Wasser aufbewahrt, damit sie frisch bleiben.

Hummer sind im Sommer in Schweden staatlich geschützt. Von April bis September darf sie niemand fangen, damit ihr Bestand nicht gefährdet ist.

Sachensucherinnen und Erfinderinnen

Hier ist das Meer ja überall, braucht ihr ein Boot, um zur Schule zu kommen?

Idun: Das wäre lustig, aber ganz schön unpraktisch. Denn wir wohnen zwar auf einer → Insel, aber es gibt ganz viele Brücken.

Von eurer Haustür bis zum Strand sind es nur wenige Hundert Meter. Wie oft seid ihr dort?

Mira: Morgens gehen wir oft mit der Klasse an den Strand, zum Beispiel um Sport dort zu machen. Nachmittags laufen Idun und ich hin. Wir suchen nach Dingen, um damit etwas zu bauen.

Was findet ihr denn am Strand?

Idun: In unserer Bucht wird Müll aus der ganzen Welt angeschwemmt. Das meiste werfen wir weg. Schönen Müll, wie alte Bojen zum Beispiel, binden wir an Seilen fest, die man auch am Strand finden kann.

Habt ihr eine Lieblingsjahreszeit?

Mira: Ich mag den Sommer besonders gern. Im Wald kann man Blaubeeren, Preiselbeeren und Hagebutten finden und daraus Limonade oder Marmelade kochen. Im Herbst sammle ich mit meiner Oma Pfifferlinge. Die schmecken so gut!

Idun: Den Winter finde ich auch ganz gemütlich, weil es schon um halb vier dunkel wird. Nur Schnee gibt es bei uns nicht so viel. In den Weihnachtsferien fahren wir deshalb zum Skifahren nach Norwegen.

„Wir haben eine ganze Tüte voll mit Steinen. Wenn man einen findet, der besonders hübsch ist, kann man ihn doch nicht liegen lassen!"

„Wenn Mama und Papa Zeit haben, fahren wir manchmal mit dem Boot auf ganz kleine Inseln. Davon gibt es hier sehr viele."

Mira (9) und Idun (11) sind Schwestern und gleichzeitig beste Freundinnen. Am liebsten gehen sie zusammen zum Strand – von ihrer Haustür bis zum Meer sind es nur zwölf Minuten.

Muscheln suchen bei Ebbe

Wie praktisch: In der Bretagne kann man bei Ebbe nicht nur über den Meeresgrund radeln, sondern auch Meeresfrüchte fischen, ohne nasse Füße zu bekommen. Nach der Springflut legt das Meer → Muscheln frei und man sammelt sie einfach ein.

Wenn du wissen möchtest, wann Springflut ist, kannst du für die betreffende Region einen Gezeitenkalender bei der Touristen-Info oder im Zeitschriftenladen kaufen. Oder du schaust im Internet nach.

Zur Île Callot fährt keine Fähre und es gibt auch keine Brücke. Wer zur → Insel will, wartet auf Ebbe. Wenn sich das Meer zurückzieht, taucht die Straße auf.

Man darf nicht jede MUSCHEL essen, die man findet. Es gibt für jede Art eine festgelegte Mindestgröße. Eine Muschel, die zu klein ist, wird zurückgelegt, damit sie groß werden kann.

Algen sammeln am Strand

Hier liegen Steine, so groß wie Häuser, die manchmal wie Tierköpfe aussehen. Bestimmt haben sie für den Namen „Côte des Légendes" gesorgt. Übersetzt heißt das nämlich „Küste der Legenden".

In der Bretagne findest du viele verschiedene Algensorten. Diese Alge, die wie superlange Nudeln aussieht, wird auch Meeresspaghetti genannt. Ihr französischer Name ist Haricot de Mer: Meeresbohne.

Das Steinhaus wurde früher gebraucht, um die Küste zu überwachen. Man sagt aber auch, dass die Anwohner der Küste Schiffe in die Irre gelockt haben, damit sie am felsigen Strand zerschellten.

Wie weit ist der Horizont entfernt? Ganz einfach: Wenn du dort stehst, wo das Wasser den Strand berührt, sind es etwa 4 km.

Bloß wenige Zentimeter unter der hellen Sandschicht wird es im Wattbereich schwarz und eklig. Wenn man darauf herumläuft, kommt stinkender, schwarzer Matsch an die Oberfläche. Der Gestank entsteht durch fehlenden → Sauerstoff. Ohne ihn werden pflanzliche und tierische Überreste nur langsam und unvollständig abgebaut. Dabei entstehen schwarzes Eisensulfid und Schwefelwasserstoff, der wie faule Eier riecht.

49

Haricot de Mer, die Meeresbohne, schmeckt mild und würzig zugleich. Falls du sie roh probieren möchtest, wasche sie zuerst gründlich mit Leitungswasser.

20

Die meisten Löcher im Watt entstehen dadurch, dass der Wattwurm den Sand frisst. Er verdaut die im Sand enthaltenen Mikroalgen und Bakterien und scheidet den Rest als Sandkringel wieder aus.

Was macht Algen so spannend?

Warum sind Sie Algenforscher geworden? Algen sind überhaupt nicht aggressiv oder bösartig. Das mag ich an ihnen. Es gibt zum Beispiel unter den großen Algen fast keine giftige Art. Pilze sind da ganz anders. Da muss man sich sehr genau auskennen, wenn man sie essen will.

Kann man denn Algen wie Gemüse zubereiten? In Asien gibt es zahlreiche Gerichte, in denen Algen die Hauptrolle spielen. Beim Sushi wird etwa die Alge „Nori" verwendet. In Suppen schwimmt oft ein Stück „Kombu", weil es ihren Geschmack verstärkt. Und hier am Atlantik wachsen die sogenannten Meeresspaghetti.

Und mit dieser Alge haben Sie ein Kuchenrezept erfunden! Stimmt. Unter den Wissenschaftlern, die Algen untersuchen, ist es nicht verbreitet, Algen zu essen. Aber mir schmecken sie sehr gut. Und weil ich gern koche, habe ich mir einen Algenkuchen ausgedacht.

Warum ausgerechnet diese Alge? Weil sie typisch für unsere Region in der Bretagne ist. Außerdem schmeckt sie lecker und ich kann sie leicht ernten.

Das hört sich ziemlich komisch an, wenn man noch nie Algen gegessen hat! Die meisten Menschen denken nur, sie hätten noch nie Algen gegessen. Das stimmt so aber gar nicht, weil es sehr viele Fertigprodukte gibt, die Algen enthalten. Joghurt oder Softeis zum Beispiel.

Was machen denn ausgerechnet Algen darin? Man nutzt sie, um die Produkte gelieren zu lassen. Das kann man auch zu Hause ausprobieren, wie gut das geht. Anstelle von Gelatine kann man nämlich Agar-Agar benutzen. Das ist ein pflanzliches Geliermittel, das aus Meeresalgen gewonnen wird.

Akira Peters wurde in Japan geboren und hat schon in vielen Ländern der Welt Algen erforscht. Jetzt macht er das in der Bretagne.

Wie sieht es an der Ausgleichsküste aus?

Wenn die Küstenlinie fast gerade ist, weil die Strömung dort parallel zum Ufer fließt, hat das große Auswirkungen: Jedes Mal, wenn Wind und Wellen der Nordsee an den Landvorsprüngen Geröll, Kiesel und Sand abtragen, wird das Material durch die Strömung entlang der Küste weitertransportiert. Dort, wo die Strömung geringer ist, lagert sich das Material wieder ab und bildet Strände. So werden alle Buchten und Vorsprünge ausgeglichen. Deshalb: Ausgleichsküste.

Wo findet man diesen Küstentyp? An der südlichen Ostseeküste Polens, an der West- und Nordküste Jütlands in Dänemark, an der niederländischen Westküste sowie an der französischen Westküste.

Was müssen Tiere und Pflanzen hier können? Sandige und flache Küsten sind ein harter Lebensraum: Im Wasser bewegt die Brandung mit ihren oft hohen Wellen Sand und Steine am Grund. Dabei wird alles restlos zerkleinert, dadurch wird das Leben fast unmöglich gemacht. Das gilt auch für den Strand: Hier sind Tiere und Pflanzen der Witterung und Feinden ebenfalls schutzlos ausgesetzt.

Im Sand gibt es eine besondere Miniaturtierwelt, die Sand-
lückenfauna heißt. In ihr leben winzige Krebse, Bürsten- und
Fadenwürmer, Milben und Einzeller zwischen den Sandkörnern
wie in einer Art Kanalsystem. Andere Spezialisten, wie etwa
der Flohkrebs, verstecken sich im feuchten → Spülsaum aus
angespültem Seegras, Algen, → Muscheln und Schnecken.

Die perfekte Welle reiten

Mit ihren langen Stränden und den hohen Wellen sind Ausgleichsküsten ideal für Wassersportarten wie Surfen, Wellenreiten und Kiten.

Wenn der Wind über das Wasser weht, entstehen durch die —> Reibung Wellen. Das kannst du mit einem Glas Wasser ausprobieren, Wenn du vorsichtig über die Wasseroberfläche pustest, entstehen kleine Wellen. Teste den Effekt bei unterschiedlich großen Wasserflächen aus. Die Wellen werden umso größer, je stärker und je länger du pustest und je größer die Fläche ist. Das ist auf dem offenen Meer genauso und man nennt das die Windwirklänge oder Fetch.

BRANDSEESCHWALBEN sind Stoßtaucher, die sich hauptsächlich von kleinen Fischen ernähren. Sie stürzen sich aus großer Höhe ins Wasser und fischen oft weit auf dem offenen Meer.

In Dänemark darf man an einigen Stränden mit dem Auto ans Wasser fahren. Das ist praktisch für Familien mit viel Gepäck. Und natürlich für Sportler, die ihre Ausrüstung nicht so weit schleppen müssen. Außerdem ist ein richtig stürmischer Tag so anstrengend, dass es oft gut tut, mal ins warme Auto klettern zu können, um eine kurze Windpause einzulegen.

Tempo machen am Strand

Schön grün: An der Ausgleichsküste findet man ausgeprägte Dünenlandschaften. Im Sand am Strand wachsen zwar nur einzelne Büschel Strandhafer. Zum Land hin steigt die → Düne aber an und ist dann ganz mit Gräsern bewachsen.

Ein Buggy fürs Landkiten besitzt drei Räder und hat Reifen, die auch für das Fahren auf Sand geeignet sind. Gelenkt wird dabei mit den Füßen über die Vorderachse des Buggys.

Strandhafer ist wichtig, weil er den Sand auf den Dünen festhält. Die Dünen schützen das Hinterland vor Hochwasser. Und du kannst wiederum den Strandhafer schützen. Er mag es nämlich nicht, wenn man viel auf ihm herumläuft.

STURMVÖGEL sind Hochseevögel, die auf fast allen Ozeanen zu Hause sind. Weil sie oft tagelang nicht landen können, schlafen sie im Flug.

Wenn du Kitesurfen lernen möchtest, solltest du mindestens 1,50 m groß und 45 kg schwer sein. Das Mindestalter ist je nach Kiteschule 10 bis 14 Jahre. Im Vorteil ist, wer vorher schon gut mit einem Lenkdrachen umgehen kann. Wenn das gut klappt, kannst du dich auf einem Longboard ziehen lassen.

Was brauchen Strandforscher?

1 Nimm deine Eltern oder Freunde mit. Besorgt euch einen Gezeitenkalender, damit ihr wisst, zu welcher Uhrzeit ihr mit Ebbe (Niedrigwasser) und Flut (Hochwasser) rechnen müsst.

2 Nimm → Sonnencreme mit und etwas zu trinken und zu essen. An kalten Tagen ist ein warmer Tee großartig!

3 Vor scharfkantigen → Muscheln, spitzen Felsen und Seeigelstacheln schützen dich Turnschuhe, Gummi-stiefel oder Badeschuhe.

4 Eine Jacke mit vielen Taschen oder ein leichter Rucksack sind praktisch, um Fundstücke zu trans-portieren.

5 Kescher, Eimer, Becherlupe und Schaufel sind wichtig, um Tiere im Sand oder Watt auszugraben.

Tüten, Flaschen und Marmeladengläser,
um empfindliche Sachen zu transportieren,
findest du meist am Strand.

Cirrostratus heißt der durchscheinende, weißliche Wolkenschleier, der manchmal wie glatte Haare aussieht und den Himmel meist ganz oder zumindest zu großen Teilen bedeckt.

Cirrus sind einzelne Wolken, die wie weiße Flecken oder schmale Bänder aussehen.

Cumulus nennt man die Wolken, die wie dicke, scharf abgegrenzte Knubbel mit Hügeln oder Kuppeln aussehen. Der Teil, der von der Sonne beschienen wird, leuchtet meist schneeweiß. Die Unterseite ist dagegen verhältnismäßig dunkel und verläuft fast horizontal.

Wie wird man Klimaforscher?

Muss man gut in Physik und Mathe sein, wenn man Klimaforscher werden will? Ich selber war auf der Schule nicht besonders gut in diesen Fächern, wollte mich aber unbedingt beruflich mit dem → Klima beschäftigen. Deswegen habe ich Wetterkunde studiert. Wichtig für diesen Beruf ist, dass man sich für die Natur interessiert. Den Rest kann man lernen, wenn man will.

Was ist so interessant daran? Klimaforscher zu sein heißt, dass man sich mit vielen verschiedenen Dingen befasst. Zum Beispiel mit unserer Lufthülle, die wir → Atmosphäre nennen, mit der Sonne, mit Vulkanen, mit den Meeren, mit der Bewegung der Erdplatten und selbst mit Pflanzen und Tieren.

Ist das Klima auf der Erde speziell? Es ist genau richtig, um Leben zu ermöglichen. Auf der Venus ist es mit über 400 Grad viel zu heiß und auf dem Mars viel zu eisig.

Kann sich das Klima verändern? Und wenn ja, was hat das mit dem Meer zu tun? Das Klima ändert sich pausenlos aufgrund natürlicher Vorgänge. Besonders bekannt sind die → Eiszeiten. Sie entstehen dadurch, dass sich die Bahn der Erde um die Sonne ändert oder die Neigung der Erdachse. Auch die Meere spielen eine wichtige Rolle. Wenn sich zum Beispiel Meeresströmungen ändern, kann es in einigen Regionen wärmer werden, in anderen Gegenden dagegen kälter. Das Meer dämpft außerdem Gegensätze. An den Küsten gibt es keine extremen Temperaturen, weder besonders kalte noch besonders warme. Wir Menschen beeinflussen das Klima durch Abgase oder indem wir die Wälder vernichten. Dadurch wird es wärmer auf der Erde.

Mojib Latif ist Klimaforscher in Kiel. Er unterrichtet an der Universität – und manchmal auch Kinder. Für seine Forschung hat er schon viele Preise bekommen.

Wie sieht es an der Steilküste aus?

38

Neben der Steilküste aus hartem Fels wie → Granit gibt es auch Felsküsten aus Kreidefelsen – wie bei Dover oder auf Rügen. An der Ostsee findet man Steilküsten aus Moränenschutt, der sich aus Sand, Kies, kleinen und großen Felsen zusammensetzt. Er wurde durch die → Gletscher während der letzten → Eiszeit in Skandinavien vom Felsuntergrund abgehobelt und weiter südlich wieder abgelegt.

Wo findet man diesen Küstentyp? An der deutschen Ostseeküste, nämlich an der Eckernförder Bucht und auf Rügen. Außerdem in der Bretagne, auf den Kanalinseln, an den Küsten von England, Schottland und Irland. Und an der spanischen und portugiesischen Atlantikküste sowie an den Mittelmeerküsten.

Was müssen Tiere und Pflanzen hier können? Der kurze Blockstrand aus Kies und Felsen am Fuße der Steilküste einer Gezeitenzone gehört zu den härtesten Lebensräumen der Meere. Bei Flut kann er komplett unter Wasser verschwinden. Pflanzen und Tiere brauchen deshalb gute Strategien, um sich festzuhalten.

Felsige Steilküsten mit ihrem glasklaren Wasser sind ideal zum Tauchen und Schnorcheln. Oft gelangt man jedoch nur vom Boot aus ins Wasser. Erkundige dich bei einer Tauchschule vor Ort danach.

Forschen im Mini-Aquarium

Bei Ebbe ist auf dem steinigen Meeresboden ganz schön viel los: → Muscheln und Schnecken haben sich in ihre Schalen zurückgezogen oder → Quallen und kleine Fische schwimmen in wassergefüllten Vertiefungen im Stein. Diese kleinen und größeren Pfützen heißen Gezeitentümpel.

Autsch! Die Stacheln des violetten SEEIGELS tun weh!

Seepocken gehören zu den Krebstieren, können sich aber nicht von der Stelle bewegen. Junge Seepocken schweben zunächst selbst als Plankton im Meer. Wenn sie einen festen Untergrund finden, mauern sie sich mit einer Art Zement daran fest.

Das muss man beim Forschen am Strand beachten: Meerestiere, Algen und Seegräser trocknen an der Luft schnell aus. Lass sie deshalb aus dem Kescher sofort vorsichtig in einen Eimer mit Meerwasser gleiten. So kannst du sie gut beobachten und es passiert ihnen nichts. Danach kippst du sie zurück in den Tümpel.

Kleine SANDAALE sind so aktiv, dass sie das Wasser im Eimer brodeln lassen. Der Grund für die Hektik: Bei ihnen ist die Flucht vor größeren Fischen, Seevögeln und Meeressäugern einprogrammiert. Deshalb sind sie immer in Bewegung.

Wie erforsche ich Gezeitentümpel?

1 Wenn du drei Miesmuscheln pflückst und in ein Glas mit Meerwasser legst, kannst du zusehen, wie das Wasser immer sauberer wird. Kein Wunder: Miesmuscheln pumpen in einer Stunde etwa einen Liter Wasser durch ihre Kiemen und filtern es dabei. In der Kieler Förde werden Miesmuscheln deshalb gezüchtet, um auf natürliche Weise das Meer zu reinigen. Setze deine Muscheln nach dem Test wieder zurück an die Fundstelle.

2 Vielleicht entdeckst du ein Seeigelgehäuse. Auf der Unterseite hat es meist ein großes Loch. Dort saßen die Fresswerkzeuge. Meist fehlen auch die Stacheln. Trotzdem ist so ein Fund ein kleiner Schatz. Den kunstvollen Körper erkennst du am besten, wenn du mit einer Taschenlampe in das Gehäuse leuchtest.

3 Du kannst eine Algensammlung anlegen, indem du sie trocknest. Spüle sie zu Hause unter Leitungswasser kurz ab, befreie sie von überflüssigem Aufwuchs. Breite sie auf einem Blatt aus. Die Verzweigungen kannst du mit dem Malpinsel oder einer Pinzette ordnen. Algen ertragen kein direktes Sonnenlicht. Wie fast alle pflanzlichen Naturfarben sind auch die Pigmente von Algen sehr lichtempfindlich und verblassen. Verwahre deine getrockneten Bilder deshalb am besten in einem Ordner.

59

An der französischen Atlantikküste findest du ganz verschiedene Algenarten. Hier siehst du Blasentang, den es aber auch an der Nord- und Ostsee gibt.

Baden und Sandburgen bauen

An der Steilküste klatscht das Meer bei hohem Wellengang auf die Felswände und zermalmt sie mit der Zeit. So entstehen kleine Buchten. Typisch dafür: Die Strände sind relativ schmal und meist von Kieseln und Geröll bedeckt.

Drei Tricks für die perfekte Sandburg:
1. Achte darauf, deine Sandburg nicht zu nah am Wasser zu bauen, damit sie nicht von der steigenden Flut oder durch eine größere Welle weggespült wird.
2. Für ein festes Fundament, feuchte vor dem Bau auch den Untergrund an und stampfe ihn kräftig mit den Füßen fest.
3. Halte deine Burg mit der Gießkanne gut feucht. Je mehr Salz und Algen im Meerwasser sind, desto besser. Beim Trocknen bildet sich eine Kruste und verklebt die Sandkörner miteinander.

FEUERQUALLEN sind wunderschön, aber sehr gefährlich.

Wenn du dich an einer Feuerqualle verbrannt hast, berühre die betroffene Stelle nicht mit den Händen. Wasche sie mit Meerwasser (!) ab. Bedecke sie dann mit einem Papiertaschentuch oder etwas Toilettenpapier, um das Gift aus den Nesselkapseln aufzusaugen. Danach suchst du einen Arzt auf. Bei großen Verletzungen rufe sofort den Notarzt unter der 112.

Klettern in der Felswand

Steilküsten haben oft super Kletterwände. Gegenüber einer Kletterhalle überwiegen die Vorteile: keine Ablenkungen durch Musik und andere störende Geräusche. Und natürlich unschlagbar: die hinreißende Aussicht, wenn man erst mal oben ist.

Während der letzten → Eiszeit waren die Felsen auf der Halbinsel Crozon nicht von Eis bedeckt. Daher wurden sie nicht glatt geschliffen, sondern sind rau und schroff geblieben. Für Kletterer ist das ein Glück! In den kleinen Vorsprüngen und Nischen kann man mit Händen und Füßen super Halt finden. Die Küste ist buchtenreich und besitzt zahlreiche Steilküsten von oft mehr als 100 Meter Höhe.

Das braucht man zum Klettern: einen Sturzhelm, einen Klettergurt und natürlich jemanden, der dich am Seil sichert.

Felsküsten sind bevorzugte Brutgebiete von ATLANTIKSTURMTAUCHERN.

Wie sieht es am Wattenmeer aus?

Entweder so wie hier: Man wartet auf Ebbe und es gibt viel Meer zu sehen. Oder man watet kilometerweit über nass glänzende graue Flächen, die von schmalen und breiten Prielen durchzogen sind.

Wo findet man diesen Küstentyp? Dort, wo die Strömung im Meer langsam ist. Dafür sorgen → Inseln vor dem Festland. Sie bremsen die Strömungsgeschwindigkeit ab. Ausgedehnte Wattflächen erstrecken sich von der dänischen Nordseeküste bei Esbjerg über die deutsche Nordseeküste bis zum niederländischen Den Helder. Mit einer Gesamtfläche von mehr als 10.000 Quadratkilometern ist das mitteleuropäische Wattenmeer eines der größten Feuchtgebiete der Erde.

Was müssen Tiere und Pflanzen hier können? Im Wattenmeer ist alles auf Sand gebaut und in ständiger Bewegung. Viele Tiere ziehen es deshalb vor, im Boden zu leben, wo sie nicht weggespült werden können. Außerdem sind sie dort vor Fressfeinden geschützt.

Weit und breit nichts zu sehen? Von wegen! Mehr als 3.000 Tierarten leben im Wattenmeer, von denen etwa 250 nur dort vorkommen. Ein Quadratmeter Wattboden enthält mehr tierische → Biomasse als der Boden tropischer Urwälder.

Spuren lesen im Schlick

Das Wattenmeer wurde von der → UNESCO auf die Liste der Weltnaturerbestätten gesetzt. Doch zunächst siehst du vermutlich nur Wasser, Sand und Matsch. Auf den zweiten Blick kannst du viele verschiedene Tiere im Watt entdecken. Nimm Fernglas und Lupe mit!

Ausgewachsene DORSCHE leben fast immer benthisch, das heißt in der Nähe des Meeresbodens. Einige Arten können bis zwei Meter lang werden.

Meeressalat fühlt sich an wie eine nasse Plastiktüte und schmeckt auch so. Nahrhaft ist er trotzdem: Er enthält Mineralien und Vitamine. Deshalb wurde er früher vor allem viel als Salat gegessen oder gemahlen im Brot verbacken.

Grünalgen haben es in der Gezeitenzone nicht leicht. Sie müssen eigentlich unter Wasser sein, um nicht auszutrocknen. Doch solange sie regelmäßig überflutet werden, halten sie die Trockenzeit während der Ebbe aus.

```
Hm, lecker
MIESMUSCHELN,
freut sich der
SEESTERN und
saugt sie aus!
```

Wenn bei Ebbe die Miesmuschel-bänke im Wattenmeer trocken fallen, verschließen alle → Muscheln ihre Schalen ganz fest und warten auf die nächste Flut. Kommt das Meer zurück, öffnen sie sich wieder und filtern Plankton und kleinste Trübstoffe aus dem Wasser.

EIMER

KOMPASS

SONNENCREME

SAMMEL-
SCHALEN

TRILLERPFEIFE

HANDY

ERSTE-HILFE-
TASCHE

LEUCHTFACKEL

KARTEN
UND
INFORMATIONEN

GUMMISTIEFEL

SOCKE
PLASTIKTÜTE
WASSERFLASCHE

WATTFORKE

Was macht eine Socke im Watt?

Warum sind Schuhe bei einer Wattwanderung wichtig? Damit sich niemand den Fuß an einer scharfen Austernschale oder Sandklaffmuschel aufritzt. Wer trotzdem barfuß geht und sich verletzt, kann den Fuß mit Wasser reinigen und eine Socke anziehen. Darüber kommt eine Plastiktüte, damit die Wunde sauber bleibt.

Du hast überhaupt viele Sachen dabei. Was machst du damit? Den Eimer, die Wattforke und die Plastikschalen brauchen wir, um uns die Tiere genauer anzuschauen.

Und wofür sind Leuchtfackel, Trillerpfeife und Handy? Für den Notfall. Es kann sein, dass man trotz guter Wettervorhersage vom Nebel überrascht wird.

Warum geht man nicht einfach zurück? Man verläuft sich schnell. Jeder Mensch hat eine kräftigere Körperseite, mit der er fester auftritt. Das führt dazu, dass man irgendwann im Kreis läuft, wenn man nichts mehr sieht.

Was gefällt dir daran, Touristen durchs Watt zu führen? Ich möchte möglichst viele Menschen mit meiner Liebe zum Watt anstecken. Zuerst erscheint es vielleicht nur wie wahnsinnig viel Matschepampe, aber wenn man weiß, wonach man schauen muss, wird es zu einer reichen Welt mit vielen Tieren.

Verrätst du einen Trick, wie man sie entdeckt? Herzmuscheln findet man zum Beispiel so: Man läuft dem ablaufenden Wasser hinterher und sucht nach kleinen Wasserfontänen, die aus dem Boden emporsprudeln. Herzmuscheln stoßen so nämlich ihr Atemwasser aus und das kann man sehen. Strandkrabben finden auch alle spannend. Sie lösen immer etwas aus. Entweder: „Oh, cool!" oder: „Wehe, die kneift mich!"

Marlene Meyer macht ein freiwilliges ökologisches Jahr auf Sylt. Dort führt sie Besuchergruppen durch das Watt.

Rasenmäher großziehen

Das ist ein Priel. So werden Wasserläufe im Watt genannt, die auch bei Ebbe mit Wasser gefüllt bleiben. Dieser Priel reicht sogar bis in die Salzwiese hinein, auf der rechts und links Schafe als natürliche Landschaftspfleger weiden.

Nicht alle Pflanzen können auf salzigen Böden wachsen. Das schaffen nur diejenigen, die spezielle Strategien entwickelt haben, um die Überdosis an Salz zu verarbeiten. Manche Pflanzen werfen deshalb Teile ab, die zu versalzen sind. Andere haben in ihrem Inneren Kanäle, die vom Salzwasser nicht durchdrungen werden. Und wieder andere verdünnen zu salziges Wasser mit eigenen Flüssigkeiten. Schau dir eine Salzwiese genau an. Lauf dabei aber nicht kreuz und quer, sondern über die Wege, um die Brut- und Rastgebiete der Vögel zu schützen.

SCHAFE gelten als Wahrzeichen der Nordseeküste. In List laufen sie besonders gern auf den Salzwiesen, wo sie würzige Pflanzen finden.

51

Manchmal bekommen Mutter-
schafe Drillinge. Dann reicht
die Milch nicht für alle Lämmer
und eines davon muss von Hand
aufgezogen werden. Solange
sie noch klein sind, werden sie
von Cornelis mit der Flasche
gefüttert, fressen aber auch
schon Gras. Flaschenlämmer
können nicht mehr in die Freiheit
entlassen werden, weil sie keinen
Fluchtinstinkt entwickelt haben.
Wenn ein Tourist mit einer Tüte
raschelt, möchten sie sofort
gefüttert werden.

Schafe sind super Landschafts-
gärtner: Sie beißen die Grashalme
ab, ohne die Wurzel zu beschädigen und
treten gleichzeitig den Boden fest, ohne
dass Löcher entstehen. Damit verhindern
sie, dass sich Wühlmäuse oder andere
Schädlinge ausbreiten können.

Fischexperte und Angelprofi

Warum interessierst du dich für Fische?
Boy-Ole: Viele Fische sind sehr klug. Ich finde es spannend, wie sie ticken. Und wenn ich das weiß, versuche ich, sie auszutricksen, um sie → angeln zu können.

Und wie machst du das?
Boy-Ole: Kräftige Fische stellen sich zum Beispiel gegen die Strömung und warten auf kleine Fische, damit sie ihnen ins Maul schwimmen. Dann werfe ich meinen Köder so aus, dass er mit der Strömung angeschwommen kommt. Mit etwas Glück schnappt einer der großen Fische danach.

Angeln heißt ja auch, dass man den gefangenen Fisch töten muss. Wie geht das?
Boy-Ole: Mit einem Metallknüppel schlägt man auf den Kopf des Fisches, um ihn zu betäuben. Dann sticht man mit einem scharfen Messer zwischen die Kiemen und ins Herz. Dadurch verblutet der Fisch und stirbt.

Puh, das bringt bestimmt nicht jeder fertig.
Boy-Ole: Wenn man einen Angelschein macht, lernt man das. Und man muss es natürlich üben. Aber manchen fällt es ziemlich schwer.

„Ich angele fast jeden Tag. Manchmal auch in die Dämmerung hinein, wenn dann erst die Flut da ist."

Boy-Ole (13) wohnt in List auf Sylt. Sein Bruder Cornelis sagt über ihn: „So angelverrückt wie Boy-Ole ist wirklich keiner!"

Rippelmarken liegen immer quer zur Wellenrichtung. Sie entstehen durch Wind oder Wellenbewegung.

Wie kommt das Meer ins Museum?

Wie sind Sie auf die Idee gekommen, dass das Meer ein Museum braucht?
Das ist eine lange Geschichte. Ich habe Biologie in Hamburg und in den USA studiert und kam vor 20 Jahren nach Sylt, um meine Diplomarbeit zu schreiben. In den Nationalparks der USA hatte ich gesehen, wie dort die Informationszentren aufgebaut sind. Das fand ich total klasse und dachte, so etwas könnte auch in Deutschland interessant sein.

Warum ausgerechnet auf Sylt?
Um ehrlich zu sein, ich hatte viele Vorurteile, was Sylt betraf. Ich wollte eigentlich nur kurz bleiben, um im Watt rumzustochern. Aber dann suchte der Ort List nach neuen Attraktionen und mit zwei Mitstudenten habe ich den Mut gefasst, den damaligen Bürgermeister anzusprechen. Unsere Idee war, dass List ein interaktives Umweltzentrum braucht. Wir dachten, wir liefern unsere Idee ab und holen uns eine Abfuhr.

Und stattdessen wurde das Museum gebaut und Sie wurden Direktor?
Nein, so schnell ging es leider nicht. Acht Jahre lang wurde erst einmal geplant. In dieser Zeit war das Projekt vier- oder fünfmal tot. Doch irgendwie ging es doch immer wieder weiter und 2009 war die Eröffnung. Und dann hieß es: Wer die Idee hatte, der soll es dann auch mal leiten.

Wie ist es Ihnen gelungen, zwischendurch nicht aufzugeben?
Ich denke, es ist wichtig, dass man weiß, dass auch gute Ideen scheitern können. Das passiert schließlich immer wieder und auch richtig großen Forschern. Alfred Wegener hat auch nicht zu Lebzeiten erlebt, dass seine Theorie stimmte, dass sich die → Kontinentalplatten verschieben. Man hielt ihn für einen Spinner. Da hatten wir mehr Glück!

 Matthias Strasser wollte schon als Schüler die Welt retten. Jetzt leitet er das Erlebniszentrum Naturgewalten auf Sylt. Alle Infos unter www.naturgewalten-sylt.de

Wie sieht es an der Mittelmeerküste aus?

Das Mittelmeer hat seine Lage und Ausdehnung immer wieder verändert. So, wie wir es heute kennen, ist es seit etwa 5 Millionen Jahren: Immer wieder wechseln sich sandige und felsige Abschnitte, Buchten, Halbinseln und → Inseln sowie Bereiche mit kleinen Ausgleichsküsten ab.

Wo findet man diesen Küstentyp? Der Mittelmeerraum umfasst die küstennahen Festlandregionen dreier Kontinente: Europa, Afrika und Asien. Unter dem Mittelmeer stoßen zwei → Kontinentalplatten aneinander. Dadurch hat er eine sehr bewegte Geschichte mit vielen Erdbeben und Vulkanausbrüchen. Neapel liegt zum Beispiel am Fuß des Vesuvs, des einzigen aktiven Vulkans in Europa.

Was müssen Tiere und Pflanzen hier können? Die abwechslungsreichen Buchten, Halbinseln, Höhlen und → Kliffs bieten ideale Lebensräume für viele verschiedene Meeresbewohner wie Seegräser, Algen, Fische, → Muscheln, Schnecken oder Seeanemonen.

Während alle über den Anstieg des → Meeresspiegels durch den Klimawandel reden, sinkt der des Mittelmeeres langsam ab. Dies liegt an der hohen Verdunstung und daran, dass viel Wasser aus den Flüssen nicht mehr an der Mündung im Mittelmeer ankommt, sondern vorher von Menschen verbraucht wird.

Großstadtmüll vermeiden

Neapel ist mit knapp einer Million Einwohnern die drittgrößte Stadt in Italien. Und wo viele Menschen leben, wird auch viel Abwasser produziert. Lange war das Meer dadurch so verschmutzt, dass man nicht darin baden durfte. Wie gut, dass die Kläranlagen heute besser funktionieren und man wieder im Meer schwimmen kann.

Egal, wie hübsch das Meer glitzert – wie sauber es ist, kann man daran nicht erkennen. Deshalb nehmen viele Länder in Europa am „Blaue Flagge"-Programm teil. Wer dabei ist, lässt seine Strände streng prüfen. Und nur dort, wo das Wasser tipptopp ist, darf später die „Blaue Flagge" gehisst werden. An einigen Strände an der Amalfi-Küste flattert sie bereits. In Neapel allerdings noch nicht.

Im Winter regnet es viel in Neapel. Staub und Müll werden dann vom Regenwasser von den Straßen in die Abwasserkanäle gespült. Das Abwasser landet am Strand und fließt ins Meer. Dafür muss eine bessere Lösung her!

Sauber! → MUSCHELN werden jetzt wieder direkt neben dem Castel dell'Ovo gezüchtet.

47

Ganz schön nass, diese Taube. Einer Möwe wäre das nicht passiert!

Bloß keinen Müll ins Meer werfen: Überall am Strand stehen Mülltonnen, die täglich geleert werden.

Die Nacht nutzen

Im Sommer ist es in Neapel so heiß, dass man es tagsüber nur im Schatten aushalten kann. Deshalb findet ein großer Teil des Alltags statt, wenn die Sonne längst untergegangen ist. Radfahren, Schwimmen, Skateboard fahren – das geht im Süden besonders gut, wenn es dunkel ist.

Besuche in einer bewölkten Nacht mit deinen Eltern den Strand. Und zwar dort, wo er vom Meerwasser noch ganz nass ist. Wartet, bis sich eure Augen an die Dunkelheit gewöhnt haben. Dann springt auf und ab. Mit etwas Glück glühen dann kleine Lichtpunkte im Sand. Das sind Algen, die leuchten, wenn sie berührt werden. Du kannst auch einfach mit den Händen oder Füßen über den Sand streichen.

Neapel ist wie ein lebendiges Geschichtsbuch. Die ganze Stadt ist durchzogen von Ruinen. Um einen richtigen Ausflug in die Vergangenheit zu machen, kann man nach Pompeji fahren. Diese Stadt wurde im Jahre 79 bei einem Vulkanausbruch verschüttet. Heute, fast 2000 Jahre später, ist sie eine der am besten erhaltenen antiken Stadtruinen.

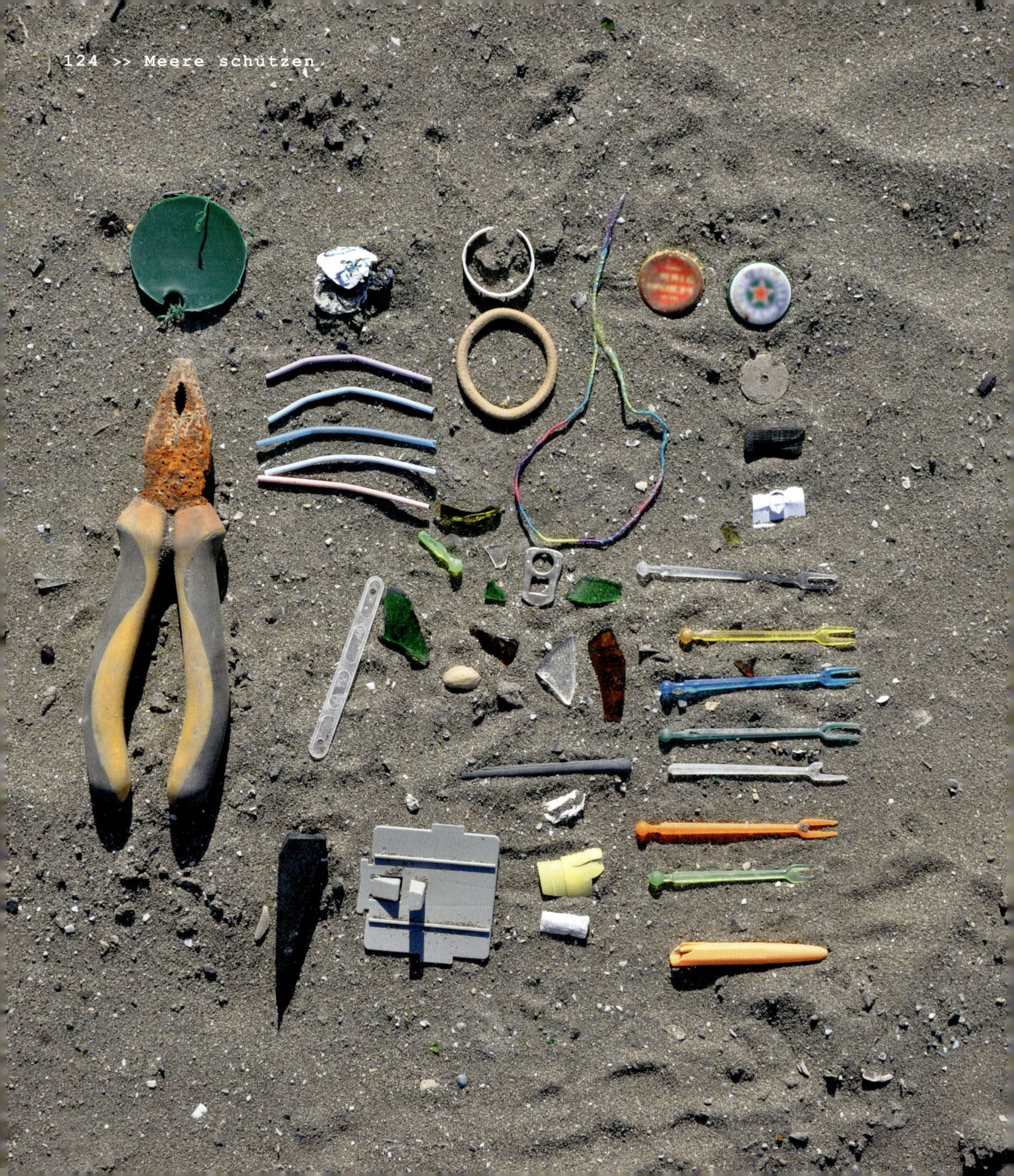

Wie werde ich Meeresschützer?

1. **Kleine Kunststoffteile** wie Ohrenstäbchen oder Pommes-Pikser sind besonders gefährlich für die Tierwelt im Meer. Also ab in deine Hosentasche mit Flaschendeckeln, Bonbonpapier und Co.!

2. Durch den **Abrieb von Autoreifen** auf der Straße entstehen Mikropartikel, die mit dem Regen in Abwasserkanäle, Bäche, Flüsse und schließlich ins Meer gespült werden. Laufen oder Rad fahren ist daher viel besser.

3. **Stoff aus Kunstfasern** besteht oft aus winzigen Mikrofasern. Bei einem einzigen Waschgang mit solchen Textilien können knapp 2.000 Fasern freigesetzt werden, die von den meisten Klärwerken nicht restlos herausgefiltert werden können. Trage deshalb Naturfasern wie Baumwolle, Wolle, Seide oder Hanf.

4. **Mikroplastik ist fatal.** Die kleinen Kügelchen verstecken sich in Zahnpasta, Cremes oder Peelings. Sie sind so schwer wieder aus dem Ökosystem zu entfernen, dass sie sogar schon im Meersalz nachgewiesen wurden. Am besten kauft man diese Produkte nicht.

5. **Möwen füttern verboten.** Sonst werden sie faul und aggressiv. Nur wenn wir Menschen das Füttern komplett einstellen, raffen sich die Möwen auf, ihr Futter aus dem Meer zu holen und sich damit gesund zu ernähren.

Meersalz schmecken

Es brennt in den Augen, schmeckt nicht und darf trotzdem in keinem Strandurlaub fehlen: Salzwasser. An der Adria ist es besonders salzig, weil es dort so warm ist und daher viel Wasser verdunstet. Außerdem wird viel Wasser aus den Flüssen auf dem Weg zum Meer von den Menschen verbraucht, sodass weniger ankommt, als eigentlich möglich wäre.

Warum ist das Meer überhaupt salzig? Das liegt an den Gesteinsschichten der Erde. Darin befinden sich Salze, die vom Regenwasser herausgewaschen werden. Das Wasser sammelt sich zu Bächen und Flüssen, die weitere Salze aus dem Untergrund herauswaschen. Die Flüsse münden ins Meer und bringen das gelöste Salz mit. Durch die Wärme der Sonne verdampft das Wasser und das Salz bleibt im Meer zurück.

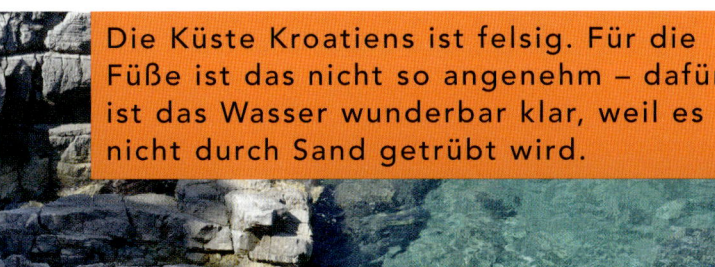

Die Küste Kroatiens ist felsig. Für die Füße ist das nicht so angenehm – dafür ist das Wasser wunderbar klar, weil es nicht durch Sand getrübt wird.

→ Tintenfische können rasant die Farbe wechseln. Zu ihrer Familie gehört auch dieser kleine KALMAR.

Hast du schon mal deine Tränen probiert? Ganz schön salzig, oder? Kein Wunder, Tränen sind ungefähr genauso salzig wie das Meerwasser. So gesehen tragen wir alle einen kleinen Teil der Weltmeere in uns.

Obwohl ständig frisches Salz ins Meer kommt, hat sich der Salzgehalt seit rund 250 Millionen Jahren nicht mehr verändert. Er liegt im Mittel bei 35 → Promille – das sind etwa 35 Gramm Salz in einem Liter Meerwasser. Dass der Salzgehalt der Weltmeere insgesamt betrachtet auch über Millionen Jahre erstaunlich konstant geblieben ist, liegt daran, dass das Meer ständig auf unterschiedliche Weise wieder Salz an den Meeresboden verliert, wo es sich ablagert.

Wie sieht eine Lagune aus?

Eine Lagune ist eine Meeresbucht, die vom Meer abgetrennt wurde – entweder auf natürliche Weise oder dadurch, dass Menschen Dämme gebaut haben. Die Lagune ist meist ziemlich flach und das Wasser hat einen geringen Salzgehalt. Fließt viel Süßwasser hinein, kann sie auch nur noch Süßwasser enthalten – wie hier beim IJsselmeer.

Wo findet man diesen Küstentyp? Lagunen gibt es in unterschiedlichen Größen an allen Küsten Europas. An der deutschen Ostseeküste heißen sie → Bodden oder Noore, in den Niederlanden „Meer" (was dort „See" bedeutet), in Frankreich „Étang" und in Italien „Laguna".

Was müssen Tiere und Pflanzen hier können? Die Lebensbedingungen in Lagunen sind unterschiedlich, aber fast immer extrem: Das Wasser ist voller Algen, weil viele Menschen an den Lagunen leben und dadurch Abwässer und Düngemittel hineingelangen. Durch die geringe Tiefe ist das Wasser im Sommer warm und sauerstoffarm. Im Winter ist es oft zugefroren.

Lagunen werden wirtschaftlich oder sportlich genutzt, daher leben dort besonders viele Menschen. Deshalb kann man hier auch so gut erforschen, wie belastbar ein Lebensraum ist – und wie schnell er sich erholt, wenn man ihn gut behandelt. Während viele Lagunen noch vor 20 Jahren in einem schlechten ökologischen Zustand waren, haben sich die Werte heute deutlich verbessert.

Angeln im Hafen

Schnell mal das Abendbrot aus dem Hafen → angeln? Dagegen spricht nichts, wenn das Wasser nicht mit Chemikalien oder anderen Abfällen belastet ist. Wenn du nicht sicher bist, ob das Wasser sauber ist, hilft zunächst die eigene Nase: Stinkiges Wasser ist immer ein schlechtes Zeichen.

Vorm Angeln lohnt sich ein Rundgang, um das Hafenwasser zu checken. Überraschung: Das verschmutzte Wasser auf dem Foto rechts befindet sich nur 300 Meter entfernt.

Viele Schadstoffe stammen aus kleinen Quellen wie Haushalten, kleinen Industrieanlagen und der Landwirtschaft. Oder aus so einer kleinen Werft wie dieser.

KARPFEN gab es früher überall in Europa. Heute gehören sie zu den bedrohten Fischarten.

Fressen und gefressen werden – im Meer geht's nicht zimperlich zu. Man könnte daher meinen, dass es die Tiere am besten haben, die sich am Ende der → Nahrungskette befinden. Aber gerade Tiere, die selbst nicht mehr gefressen werden, sondern andere fressen, sind den Schadstoffen im Meer stark ausgesetzt. Sie nehmen besonders viel davon über die Nahrung auf, was wiederum ihre Gesundheit und die Vermehrung stark gefährden kann. Am gefährlichsten sind Schadstoffe, die diese drei Eigenschaften vereinen: Sie werden ganz langsam abgebaut, sie sind giftig und sie reichern sich in Lebewesen an.

Fischfreundliche Technik erfinden

Fast die Hälfte aller Süßwasserfische gehören zu den bedrohten Tierarten. Damit sich das wieder ändert, gibt's zum Beispiel diese Erfinderwerkstatt für fischfreundliche Techniken.

Im Sommer futtern sich die Pflanzenfresser unter den Fischen eine Fettschicht an. Davon zehren sie während der Winterruhe auf dem Grund des IJsselmeers. Allerdings werden sie dabei von Kormoranen gestört. Im Winter ist das fatal, weil sie ständig die Fische aufschrecken, die wiederum mit jedem Flossenschlag viel Energie verbrauchen. Dadurch wird ihre Fettschicht immer dünner. In großen Riffbällen aus Beton finden die Fische seit einigen Jahren Schutz vor den Kormoranen. Auf dem Foto rechts siehst du die Gießformen, in denen die Riffbälle hergestellt werden.

Kraftwerke müssen gekühlt werden. Da nichts so preiswert ist wie die Kühlung mit Flusswasser, wird Wasser zum Kühlen aus dem Fluss gepumpt. Normalerweise werden dabei auch jede Menge Fische angesogen und getötet. In dieser fischfreundlichen Filteranlage auf dem Foto links ist das anders: Hier trennt ein Trommelsieb Fische und → Quallen vom Wasser. Sie können dadurch unverletzt weiterschwimmen.

Schraube locker? Von wegen! So sieht die Schraube einer Wasserkraftturbine aus, in die ein Fisch vorn hineingeraten kann und hinten unbeschadet wieder herauskommt. Eine herkömmliche Schraube würde er dagegen nicht überleben.

→ AALE müssen auf ihrer Reise viele Gefahren überwinden. Mit einer fischfreundlichen Pumpwerk kann man ihr Leben sicherer machen.

Fische halten sich eigentlich fern, wenn Dinge laut sind oder sich bewegen. Bei → Wanderfischen, wie zum Beispiel dem Aal, ist der Reisedrang jedoch so groß, dass sie ihre Angst überwinden und in Pumpwerke schwimmen. Mit abschreckenden Lichtblitzen unter Wasser versucht man, ihre natürliche Zurückhaltung zu verstärken.

Wie wird man Fischflüsterer?

Wie kann man Fische verstehen? Sie sind mindestens so klug wie Schafe. Daher kann man sich in sie hineinversetzen und überlegen, wie sie sich in einer bestimmten Situation verhalten werden.

Erst waren Sie Fischer und sind dann Erfinder geworden. Warum haben Sie den Beruf gewechselt? Ganz einfach: Die Meere sind leergefischt. Es ist höchste Zeit, ihre Bedingungen zu verbessern, damit sie sich wieder vermehren können.

Was können Sie für die Fische tun? An den deutschen und niederländischen Wasserstraßen befinden sich unzählige Pumpwerke, Stauanlagen, Dämme und Schleusen. Sie regulieren die Wasserstände und sind gleichzeitig gefährliche Hindernisse für wandernde Fische. Eines Tages hatte ich die Idee für eine fischfreundliche Pumpe. Das war der Anfang. Seither arbeiten wir daran, die Fischwanderung zu verbessern, damit die Fische auch komplizierte Schleusen überwinden können.

Bringt das tatsächlich etwas? Wir messen und zählen die Ergebnisse natürlich. Neulich wurden von 26.860 nur 14 Fische verletzt, als sie eine neue Schleuse passiert haben. Vor dem Einsatz der neuen Technik wären sie alle gestorben. Dann haben wir eine fischsichere Turbine getestet. 100 Prozent der großen → Aale sind ohne Verletzung hindurch geschwommen.

In Holland gibt es fischfreundliche Schleusen. Was macht sie so freundlich? Auch wenn kein Schiff hindurch will, werden die Schleusen immer pünktlich geöffnet. Das macht man extra für wandernde Fische. Sie kennen die Zeiten so genau, dass sie schon eine Viertelstunde zuvor massenhaft vor dem Schleusentor warten. Mich erinnert das an Menschen, die vor den Türen der Kaufhäuser anstehen, wenn der Schlussverkauf anfängt.

Gerard Manshanden war früher als Fischer unterwegs und arbeitet heute als Erfinder, um das Leben der Fische sicherer und freundlicher zu machen.

Richtig gut segeln lernen

Das Team der niederländischen Jugendnationalmannschaft verbringt 100 Tage im Jahr auf dem Wasser. Ihr Ziel: irgendwann bei den Olympischen Spielen mitsegeln.

Du kennst das: Es ist windstill, trotzdem wehen deine Haare beim Radeln im Wind. Das liegt am Fahrtwind. Wenn es gleichzeitig noch windig ist, dann ist das der „Wahre Wind". Auf dem Wasser ist das genauso: Es ist nicht nur windig, sondern das Boot erzeugt außerdem noch Fahrtwind. Aus beiden Winden zusammen entsteht der sogenannte „Scheinbare Wind". Wer segeln will, muss das wissen. Denn angenommen, der Wahre Wind weht nach Norden und der Fahrtwind nach Osten, dann bläst der Scheinbare Wind genau dazwischen. Der Scheinbare Wind ist nämlich immer ein Ergebnis aus Windrichtung und Windstärke des Wahren Windes und des Fahrtwinds.

Auch im Training wird oft um die Wette gesegelt. Dabei gibt es vor allem zwei Möglichkeiten, eine Regatta zu gewinnen. Entweder man verkürzt die zu segelnde Strecke, indem man Winddreher geschickt ausnutzt, oder man segelt schneller als die anderen. Klingt leider einfacher als es ist.

Ständig spritzt und läuft Wasser ins Boot und muss immer wieder von Hand rausgeschöpft werden.

Hunger? Durst? Segeln ist anstrengend. Kaloriennachschub ist deshalb in einer wasserdichten Tonne an Bord.

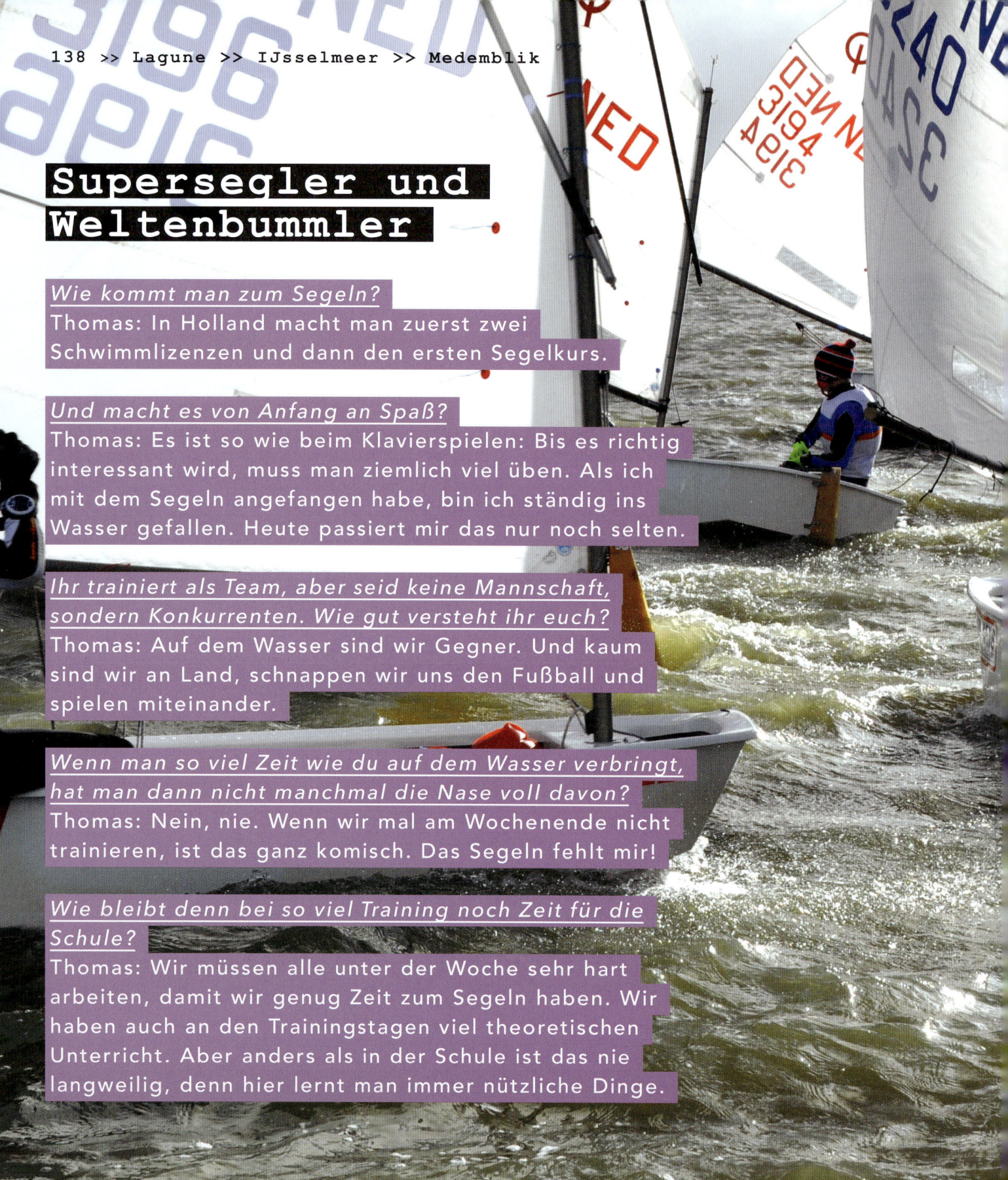

Supersegler und Weltenbummler

Wie kommt man zum Segeln?
Thomas: In Holland macht man zuerst zwei Schwimmlizenzen und dann den ersten Segelkurs.

Und macht es von Anfang an Spaß?
Thomas: Es ist so wie beim Klavierspielen: Bis es richtig interessant wird, muss man ziemlich viel üben. Als ich mit dem Segeln angefangen habe, bin ich ständig ins Wasser gefallen. Heute passiert mir das nur noch selten.

Ihr trainiert als Team, aber seid keine Mannschaft, sondern Konkurrenten. Wie gut versteht ihr euch?
Thomas: Auf dem Wasser sind wir Gegner. Und kaum sind wir an Land, schnappen wir uns den Fußball und spielen miteinander.

Wenn man so viel Zeit wie du auf dem Wasser verbringt, hat man dann nicht manchmal die Nase voll davon?
Thomas: Nein, nie. Wenn wir mal am Wochenende nicht trainieren, ist das ganz komisch. Das Segeln fehlt mir!

Wie bleibt denn bei so viel Training noch Zeit für die Schule?
Thomas: Wir müssen alle unter der Woche sehr hart arbeiten, damit wir genug Zeit zum Segeln haben. Wir haben auch an den Trainingstagen viel theoretischen Unterricht. Aber anders als in der Schule ist das nie langweilig, denn hier lernt man immer nützliche Dinge.

„Unser Segelboottyp heißt Optimist. In dieser Bootsklasse segeln Mädchen und Jungen gemeinsam um die Wette. Erst, wenn wir 15 werden, ändert sich das."

Thomas (13) ist Hochleistungssportler. Wie in jeder Sportart müssen die Eltern viel unterstützen, damit es klappt. Segel-Eltern sagen, dass nur eines aufwendiger ist: Reiten. Weil ein Pferd, anders als ein Boot, auch noch Futter braucht.

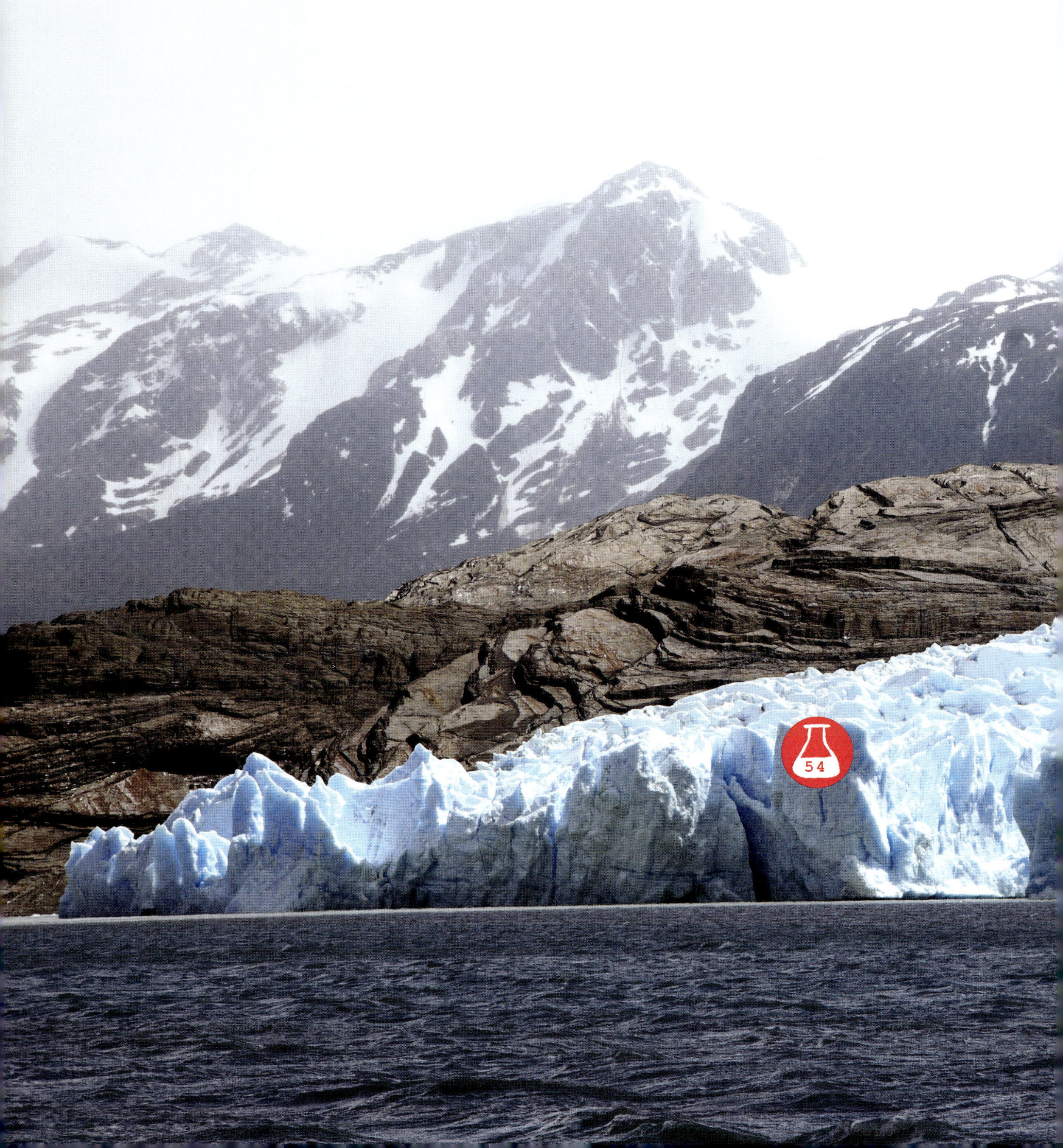
54

Wie geht's dem Meer in der Arktis?

Warum bist du Meeresbiologin geworden? Ich komme zwar aus Bayern, aber ich habe schon als Kind vom Meer geträumt. Im Sommer haben wir oft Urlaub in Italien gemacht. Das fand ich so interessant, dass ich es auch beruflich erforschen wollte.

Du warst sogar schon monatelang im ewigen Eis. Wie kam denn das? Ich habe mich um ein Forschungsstipendium in der → Arktis beworben – und es bekommen. Das war total aufregend. Auch, weil jeder, der dorthin will, erst einmal schießen lernen muss, damit man sich retten kann, wenn man einem hungrigen Eisbären begegnet.

Ist dir denn etwas passiert? Nein, gar nicht. Wir haben nur süße Robben, Polarfüchse und Rentiere gesehen. Es war wunderbar!

Hat dich etwas besonders beeindruckt? Ja, die imposanten → Gletscher. Das war großartig, aber auch traurig. Wenn man sieht, wie riesige Stücke davon abbrechen und ins Meer rutschen, versteht man sehr genau, dass sich die Erde tatsächlich erwärmt hat. Das werde ich nicht mehr vergessen.

Hast du daraufhin etwas in deinem Leben verändert? Sehr viel. Ich habe kein Auto und fahre möglichst viel mit dem Rad. Außerdem versuche ich, so wenig Müll wie möglich zu erzeugen. Das war am Anfang nicht ganz leicht, aber jetzt ist es kein Problem mehr.

Miriam Bernard hat in Spitzbergen in einem Forscherdorf gearbeitet. Jetzt ist sie an einem Meeresinstitut in Roscoff in der Bretagne.

WERDE ICH Meeres-EXPERTE?

Jeder Bereich im Leben hat ganz besondere Wörter,
die man kennen muss, um mitreden zu können. In
diesem Meeres-Abc erfährst du die wichtigsten
Begriffe rund um Meer und Küste.

AALE sind → Wanderfische. Ihr Erwachsenenleben verbringen sie im Süßwasser, zur Fortpflanzung schwimmen sie ins Meer zurück. Nach dem Verlassen der Süßgewässer fressen sie nicht mehr und sterben nach dem → Laichen. Bisher ist es noch nie jemandem geglückt, den eigentlichen Laichvorgang zu beobachten.

Für das **ANGELN** im Meer braucht man keinen Angelschein. Trotzdem ist es sinnvoll, einen zu haben. Denn so weiß man, wie man Fische angelt und tötet, ohne sie zu quälen. Eine Prüfung kannst du ab 12 Jahren in einem Angelverein machen. Zum Angeln in Seen, Flüssen und Teichen brauchst du den Schein sowieso, hier ist „wildes" Angeln nämlich strafbar.

ANGLERFISCHE sind plumpe, schuppenlose und oft sehr farbenfrohe Fische, die in flachen tropischen Meeren, aber auch in der Tiefsee leben.

Die **ANTARKTIS** umfasst die um den Südpol gelegenen Land- und Meeresgebiete, gehört aber zu keinem Staat. 1959 beschlossen einige Länder, die Antarktis zu schützen, nur friedliche Nutzung zuzulassen und keine Länderrechte zu beanspruchen. Die Antarktis ist die kälteste und stürmischste Region der Erde. Wegen der harten Wetterbedingungen leben dort nur Wissenschaftler in Forschungsstationen.

Der **ÄQUATOR** ist eine gedachte Linie, die einmal um die Erde herumreicht und sie in eine Nord- und eine Südhalbkugel teilt. Das Wort kommt aus dem Lateinischen und heißt so viel wie „Gleichlinie".

Damit ist gemeint, dass Nord- und Südpol vom Äquator gleich weit entfernt sind.

Die **ARKTIS** erstreckt sich über die nördlichen Teile der drei Kontinente Nordamerika, Asien und Europa und das größtenteils von Eis bedeckte Nordpolarmeer.

ATMOSPHÄRE heißt die dünne, gasförmige Schicht rund um die Erde, die uns vor dem luftleeren und kalten Weltall schützt.

BALLASTWASSER brauchen Schiffe auf dem Meer, die nur teilweise oder gar nicht beladen sind. Ballast ist zusätzliches Gewicht, mit dem Schiffe oder Flugzeuge beladen werden, um eine gleichmäßige Gewichtsverteilung zu erreichen und das bei Bedarf abgelassen wird. Schiffe nutzen dazu Seewasser, dass in spezielle Tanks gefüllt wird. Mit dem

Ballastwasser gelangen aber auch Bakterien, Algen, Krebse und anderes Meeresgetier in die Tanks. Mit diesen „blinden Passagieren" fahren die Schiffe dann über die Ozeane und lassen das Ballastwasser in der Regel in den Küstengewässern ihrer Zielorte wieder ab. Fremde Kleinstmeerestiere werden so weltweit verbreitet und können einheimische Arten verdrängen.

BEIFANG werden alle Meerestiere genannt, die versehentlich in Fischernetzen landen. Meist wirft man sie ins Meer zurück, doch viele Tiere sterben danach, weil sie durch das Netz schwer verletzt wurden. Laut WWF (World Wide Fund for Nature) sind davon pro Jahr rund 300.000 Wale und Delfine, 300.000 Seevögel, mehrere Millionen Haie und 250.000 Meeresschildkröten betroffen. In der Nordsee wird jährlich ein Drittel des Fangs als Abfall über Bord geworfen. Das sind eine

Million Tonnen Fisch und andere Meerestiere. Besonders extrem ist die Shrimpfischerei: Hier beträgt der Beifang bis zu 80 Prozent des Fangs.

Als **BIOMASSE** wird im Wattenmeer die Menge bestimmter Lebewesen bezeichnet. Allerdings wird so auch der Brennstoff genannt, aus dem in einer Biogasanlage Energie gewonnen wird.

Ein **BODDEN** ist eine Lagune. Besonders typisch ist diese Bezeichnung im südlichen und östlichen Ostseeraum.

BRANDUNGSHOHL-KEHLE nennt man die Auskerbung am Fuß eines → Kliffs. Wellen und Brandung haben über lange Zeit so viel Fels abgetragen, dass ein kleiner Hohlraum oder auch eine richtige Höhle entstanden ist.

CORIOLISKRAFT nennt man das Phänomen, das durch die Erddrehung entsteht. Sprich: Winde und Meeresströmungen landen nicht dort, wo sie eigentlich ankommen würden, weil sich die Erde unter ihnen bereits weitergedreht hat. Deshalb fließen beispielsweise die Ausläufer des warmen Golfstroms von Nordamerika in Richtung Nordeuropa und können so unser → Klima günstig beeinflussen.

Ein **DEICH** ist ein aufgeschütteter Wall, der die Küstenbewohner vor Sturmfluten schützt. Moderne Deiche wie der Deltawerke-Deich auf Seite 128 können allerdings viel mehr als einfache Wälle. Sie sind so berechnet und gebaut, dass sie auch extremen Sturmfluten standhalten können.

DÜNEN entstehen an Sandküsten. Hier häuft der Wind den Sand vom Strand zu Wällen auf. Sanddünen sind durch den Wind immer in Bewegung.

DWARSLÖPER ist Plattdeutsch und bedeutet „Querläufer". So heißen die Strandkrabben, da die Anordnung der zehn Beine zu einem Seitwärtsgang führt. Früher sind sie vermutlich auf Schiffen heimlich mitgereist und haben sich so von Nordnorwegen bis zur Atlantikküste Nordafrikas ausgebreitet. Heute werden sie an vielen Küsten von einem anderen Neozoon, der Asiatischen Strandkrabbe, verdrängt.

Die **EISZEIT** war nicht nur ein Problem der Dinosaurier. Das letzte Mal, dass ein großer Teil Europas unter → Gletschern begraben war, ist erst 10.000 Jahre her. Warum die bisherigen Eiszeiten entstanden sind, ist noch immer nicht ganz geklärt. Vermutlich gab es mehrere Ursachen. Die zeitweise Änderung der Erdumlaufbahn im Weltall ist ein Grund. Die veränderte Neigung der Erdachse, sowie die Verschiebungen der → Kontinentalplatten und deren Folgen sind weitere.

Die Erde ist von einem **ERDMAGNETFELD** umgeben. Es wird von dem flüssigen und metallhaltigen Erdkern erzeugt. Das Magnetfeld bildet einen Nord- und einen Südpol und schützt die Erde vor kosmischer Strahlung. Die magnetischen Pole sind nicht identisch mit den geografischen Polen und verändern im Laufe der Zeit sogar ihre Position.

FISCHBRUT findest du unter → Laich.

Ein **FJORD** ist ein ins Land hineinragender Meeresarm, der durch einen in Richtung Meer wandernden → Gletscher gebildet wurde.

FLIEGENDE FISCHE können zwar nicht wirklich fliegen, aber immerhin dank ihrer flügelähnlichen Flossen 30 Sekunden durch die Luft gleiten. Dabei legen sie etwa 400 Meter zurück. Mit etwas Glück siehst du sie im Mittelmeer.

FLIEHKRAFT oder Zentrifugalkraft wird die Kraft genannt, die nach außen wirkt, wenn sich etwas im Kreis dreht. Durch sie wird zum Beispiel ein Auto bei zu hoher Geschwindigkeit aus der Kurve getragen.

FLUNDER heißt ein Platt-fisch der Küstengewässer Europas. Er hat einen stromlinienförmigen, ovalen, asymmetrischen, seitlich stark abgeflachten Körper. Bei den meisten Flundern liegen die Augen auf der rechten Körperseite, bei einem Drittel der Exemplare allerdings auf der linken Seite. Da sie Brackwasser mag, findet man sie oft im Bereich von Flussmündungen.

FOSSILIEN sind Überreste von Lebewesen, die man im Erdboden findet und älter als 10.000 Jahre sind. Im Vergleich zum Festland begünstigt Wasser mit seinen wechselnden Strömungen die Bildung von Fossilien. Eine abgestorbene → Muschel wird dort schnell von Sand oder Schlick bedeckt, was eine Versteinerung wahrscheinlicher macht. Daher findet man auch eine erheblich größere Anzahl im Wasser.

Durch **FOTOSYNTHESE** können Pflanzen aus der Energie des Sonnenlichtes Traubenzucker herstellen. Der Sauerstoff ist dabei nur ein Nebenprodukt, das die Pflanzen nicht brauchen und deshalb ausstoßen. Man weiß inzwischen, dass die Erde vor den ersten grünen Pflanzen eine sauerstoff-freie Atmosphäre hatte. Erst durch die Foto-synthese der Pflanzen wurde die Erdatmosphäre langsam mit Sauerstoff angereichert. So entstand die Grundlage für die Atmung von Tieren und Menschen.

GESPENSTERFISCHE sind vermutlich Einzelgänger und bewohnen die mittleren Tiefen von 400 bis 2.500 Metern. Sie bleiben immer in der Dunkelzone. Ihre angepassten Augen ermöglichen es ihnen, auch hier ihre aus Zoo-plankton bestehende Beute aufzuspüren.

Ein **GEYSIR** oder Geiser ist eine heiße Quelle, die ihr Wasser in Abständen als Fontäne ausstößt.

GLETSCHER speichern 70 Prozent des Süß-wassers der Welt und bedecken in den → Polar-gebieten große Teile der Landflächen. Sie entstehen, wenn sich bei hohen Minusgraden große Mengen Schnee anhäufen und durch ihr eigenes Gewicht zu einer dicken Eisschicht zusammen-gedrückt werden. Das enorme Gewicht führt außerdem dazu, dass an der Unterseite → Reibung auf dem Erdboden entsteht, die wiederum Wärme erzeugt. Und zwar so viel, dass das Eis dort schmilzt. Auf der Wasserschicht gleitet der Gletscher voran.

GRANIT entsteht in der Erdkruste, etwa zwei Kilometer unter der Erdoberfläche. Er kommt an die Erdoberfläche, wenn die darüber-liegenden Gesteins-schichten durch Wind oder Wasser abgetragen wurden oder sich die Gesteine durch den Zusammenstoß von → Kontinentalplatten aufgefaltet haben.

Ein **HAFF** ist eine → Lagune oder ein → Bodden.

INSEL wird eine in einem Meer oder Binnengewässer liegende Land-

masse genannt, die jedoch kein Kontinent ist. Grönland ist die größte Insel der Welt. Mit einer Fläche von über zwei Millionen Quadratkilometern ist es größer als Deutschland, Frankreich, Spanien, Schweden und Großbritannien zusammen.

KLIFF nennt man die Steilwand an einer Steilküste.

KLIMA ist der typische Wetterverlauf innerhalb eines Jahres. Es wird anhand der durchschnittlichen Werte jahrelanger Aufzeichnungen berechnet. Wetter bezeichnet dagegen immer die tagesaktuelle Situation.

KOHLENDIOXID ist ein Gas, das in der Luft in geringer Menge enthalten ist. Wenn wir atmen, entziehen wir der Luft → Sauerstoff und atmen dafür Kohlendioxid wieder aus. In der → Atmosphäre

wirkt Kohlendioxid wie ein Wärmeschild und verhindert damit, dass Wärme in den Weltraum entweicht. Man nennt es Treibhausgas, weil seine Menge in der Luft heute zunimmt und es dadurch dafür sorgt, dass es auf der Erde wärmer wird.

KONDENSWASSER nennt man das Wasser, das sich an einer kühlen Oberfläche von Gegenständen niederschlägt.

Die **KONTINENTAL-PLATTEN**, auf denen sich unsere Kontinente befinden, sind immer in Bewegung. Das liegt daran, dass die Erde tief im Inneren flüssig ist und die Erdplatten darauf schwimmen. Bewegt werden sie durch Temperaturströme: Heiße Ströme steigen auf, kühlen sich ab und fallen wieder nach unten. Wohin sich die Platten dadurch bewegen, ist immer noch nicht vorhersehbar. Eindeutig ist nur, dass sie es tun.

L

Als **LAICH** werden die Eier von Tieren bezeichnet, die im Wasser abgelegt und dort außerhalb des Körpers befruchtet werden. Das gilt für Fische, Amphibien und Wasserschnecken.

Ein **LEUCHTTURM** ist ein Turm mit einem starken Lichtsignal für die Schifffahrt. Er dient der Positionsbestimmung, warnt vor Untiefen oder zeigt die Fahrwasser-markierung an. Den Beruf des Leuchtturmwärters gibt es in Deutschland nicht mehr. Die Türme werden automatisch von zentralen Stationen überwacht und nur noch bei Bedarf gewartet.

M

MAGMA heißt die Masse, die entsteht, wenn das Gestein im Erdinnern durch Druck und Hitze flüssig wird. Genau wie kochendes, sprudelndes Wasser drückt das Magma nach oben – an manchen Stellen so stark, dass die Erdkruste aufbricht. Durch diese Öffnungen strömt das Magma aus der Erde heraus. Dann bezeichnet man es als Lava. Abgekühltes Magma nennt man → Granit.

Der **MEERESSPIEGEL** bezeichnet die Höhe des Meeres im Vergleich zu seiner Umgebung. Alle Höhenangaben – etwa die der Berge – beziehen sich auf den Meeresspiegel. Gemeint ist dabei immer der mittlere Meeresspiegel einer Region in einer Zeit. In Deutschland ist dies das Mittlere Hochwasser (MHW), das sich auf den mittleren Amsterdamer Grachtenpegel bezieht.

MUSCHELN kommen überall vor: im Meer, in der Tiefsee, in Flüssen und in Bächen. Sie eignen sich sehr gut als Forschungsobjekt. Wenn sich ihre Umgebung verändert, kann man das ganz deutlich erkennen, ähnlich wie bei den Jahresringen der Bäume. Klimaforscher interessieren sich daher ganz besonders für sie.

N

Basis der **NAHRUNGS-KETTE** im Meer sind Planktonalgen und Seegras. Sie betreiben Fotosynthese und bauen dadurch Biomasse auf. Die nächsten Stufen in der Nahrungskette nehmen die Pflanzenfresser ein. Dazu gehören etwa die Tiere des Zooplanktons, die sich von Plankton-algen ernähren. Es folgen die Fleischfresser. Dazu zählen größere Planktonorganismen wie Quallen, zooplankton-fressende Fische und zahlreiche fest sitzende Tiere wie Muscheln, die sich als Filtrierer betätigen. Dann kommen die kleinen fleisch-fressenden Räuber, die selbst wiederum von größeren Räubern gefressen werden. Gerade im Meer gibt es riesige Tiere, die die Nahrungskette abkürzen und sich beim Zooplankton bedienen: zum Beispiel Walhaie, Mantarochen und Bartenwale.

NANOTEILCHEN können in → Sonnencreme mit Mineralpigmenten stecken. Sie verhindern den unschönen weißen Film auf der Haut. Der Nachteil: Im Meer kurbeln die Nanoteilchen in Verbindung mit Sonnenlicht die Entstehung von Wasserstoffperoxid an. Das wiederum tötet Plankton, welches dann in der → Nahrungskette fehlt.

NAVIGATION heißt die Kunst, ein Fahr- bzw. Flugzeug zu Wasser, zu Land und in der Luft sicher zum gewünschten Zielpunkt zu steuern. Das funktioniert aber nur, wenn man zwei geometrische Dinge bestimmen kann: die aktuelle Position, also den Ort, und die beste Route zum Zielpunkt.

Der **OKTOPUS** gehört zu den → Tintenfischen und gilt als das intelligenteste wirbellose Tier. (Das sind Tiere, die keine Knochen haben.) Experten vergleichen seine Intelligenz mit der von Ratten. Taucher wissen, dass diese neugierigen und fantasiereichen Tiere sich immer wieder neue Tricks einfallen lassen, um sich zu verstecken. Sie bauen Höhlen aus Steinen und → Muscheln und benutzen dabei sogar abgestorbene Korallenbruchstücke als Werkzeug.

OSMOSE kennst du vom Baden: Nach zehn Minuten im warmen Wasser ist die Fettschicht der Hornhaut durchlässig geworden und die Zellen fangen an, sich mit Badewasser vollzusaugen. Denn bei der Osmose sind zwei Flüssigkeiten – in diesem Fall das salzarme Badewasser und die salzreiche Zellflüssigkeit – bestrebt, sich

ausgleichen. Dabei müssen sie durch eine Schicht hindurch. Die Hornhaut quillt durch die Wasseraufnahme auf und die Haut sieht schrumpelig aus. Osmose sorgt übrigens auch dafür, dass knackige Salatblätter in der Salatsoße schlapp machen. Der Grund: Das Salatblatt versucht die salzige Soße zu verdünnen und gibt Wasser ab.

PLASTIKMÜLL sorgt im Meer für große Probleme. Vor wenigen Jahren haben Geologen an der Küste der Insel Hawaii Gebilde aus geschmolzenen Kunststoffen, Vulkangestein, Korallenfragmenten und Sandkörnern entdeckt, die sie aufgrund ihrer

Festigkeit als eine eigene Art Gestein bezeichneten. Es heißt Plastiglomerat.

Als **POLARGEBIET** werden die Regionen der Erde bezeichnet, die sich zwischen den Polen und den zugehörigen Polarkreisen befinden. Der nördliche Polarkreis umfasst die → Arktis, in deren Zentrum das Nordpolarmeer liegt. Der südliche Polarkreis umfasst die → Antarktis, die hauptsächlich den Kontinent Antarktika mit einschließt.

POLKAPPEN sind Eisschichten, die die Pole eines Planeten bedecken. Es gibt sie auf der Erde und auch auf dem Mars.

Der Salzgehalt im Meer wird meist in **PROMILLE** angegeben. 10 Promille entsprechen 1 Gramm Salz pro Liter Wasser.

QUALLEN bestehen zu 98 Prozent aus Wasser. Eine lebendige Ohrenqualle kann bis zu einem halbem Kilo wiegen.

Getrocknet bleiben von ihr nur ein paar Gramm übrig.

Ein **RECHTER WINKEL** kommt ganz oft im Alltag vor: zum Beispiel an allen Ecken eines Quadrats oder Rechtecks und damit an vielen Tischecken, den Ecken des Kopierpapiers und in vielen Zimmerecken.

Reibungswiderstand ist die Kraft, die durch **REIBUNG** hervorgerufen wird und die Bewegung eines Gegenstands hemmt. Wie viel Energie dabei entsteht, kannst du ausprobieren, wenn du deine Hände fest aneinanderreibst. Sie

werden warm – die Wärme ist Energie. Der Reibungswiderstand ist übrigens auf glatten Flächen kleiner als auf rauen Flächen.

SAUERSTOFF brauchen alle Menschen und Tiere zum Überleben. Wir atmen ihn ein und → Kohlendioxid und Wasserdampf wieder aus. Auch Pflanzen brauchen Sauerstoff. Das Besondere an ihnen ist, dass sie ihn nicht nur verbrauchen, sondern auch produzieren. Das ist ein ziemlich komplizierter Prozess, der → Fotosynthese heißt. Und weil die Fotosynthese schneller abläuft als die Atmung, erzeugen Pflanzen mehr Sauerstoff, als sie verbrauchen.

SCHWERKRAFT heißt die physikalische Kraft, die alle Gegenstände zur Erde anzieht. Daher spricht man auch von Erdanziehungskraft. Die Schwerkraft ist der Grund, warum alle Dinge auf den Boden fallen und nicht an der Decke schweben.

SONNENCREME
ist wichtig. Und auch
wenn das ständige
Schmieren und Nach-
cremen manchmal nervt,
als kluger Strandforscher
beherzigst du ohnehin die
Abc-Formel: „Ausweichen",
„Bekleiden" und „Cremen".
Allerdings: Nimm eine
Sonnencreme, die bio-
logisch abbaubar ist und
ohne → Nanoteilchen
auskommt.

Ein **SPÜLSAUM** ist ein
meist linienförmiger
Bereich, der beim Zurück-
strömen der Welle am
Strand entsteht und in
dem schwimmende Teile
auf den Strand getragen
und dann dort abgelegt
werden, wenn sich
das Wasser wieder
zurückzieht.

TIDENHUB ist der
Unterschied des Wasser-
standes zwischen Hoch-
und Niedrigwasser. Im
englischen Kanal ist der
höchste Tidenhub etwa
10 Meter. In Deutschland
beträgt der höchste
Tidenhub an der Weser in
Bremen am Weserwehr bis
zu 4,50 Meter.

Der Begriff **TINTEN-
FISCH** ist eine Sammel-
bezeichnung. Er kenn-
zeichnet in der Klasse
der Kopffüßler die
Unterklasse, zu der
Oktopus, Kalmar, Sepia
und Nautilus gehören.
Tintenfische sind übrigens
keine Fische, sondern
mit → Muscheln und
Schnecken verwandt.
Sie besitzen zwar keine
äußere Schale mehr, doch
im Körper befindet sich
noch ein Rest davon. Er
ist flach, lang, oval, weiß
und heißt Schulp. Du
kannst ihn am Strand
finden oder im Geschäft
beim Tierfutter. Dort
wird er als kalk-
haltige Vogel-
nahrung verkauft.

Ohne **TREIBHAUSEFFEKT**
wäre es bei uns kalt wie
im Universum und ein
Leben, wie wir es kennen,
wäre unmöglich. Der
Mond zum Beispiel hat
kaum → Atmosphäre, also
kaum natürliche Gase, die
Wärme speichern könnten.
Die wichtigsten natür-
lichen Gase, die zum
Beispiel in der Erd-
atmosphäre die Wärme
der Sonne speichern,
sind Wasserdampf,
→ Kohlendioxid, Methan-
gas und Lachgas. Sie
lassen die Sonnenstrahlen
zwar zur Erde durch-
scheinen, behalten aber
einen großen Teil der von
der Erde reflektierten
Strahlung zurück. Der
Mensch verstärkt diesen
natürlichen Treibhaus-
effekt – vor allem durch
die Abgase, die durch
die Verbrennung fossiler
Energieträger, wie Kohle,
Erdöl (Benzin) oder Gas
entstehen. Mehr Gase
speichern mehr Sonnen-
strahlung, die Temperatur
erhöht sich, das Weltklima
verändert sich. Der Treibhauseffekt ist haupt-
verantwortlich für den
Klimawandel. Und der ist
wiederum verantwortlich
für das Abschmelzen des
Eises an den → Polkappen
und an den
→ Gletschern.

U

Die **UNESCO** verleiht den Titel Weltnaturerbe nur an ganz besondere Gebiete: Diese müssen einzigartige Naturwerte besitzen, intakt und durch gute Schutzmaßnahmen gesichert sein. Das Wattenmeer zeigt auf seine eigene Art und Weise, wie Natur, Pflanzen und Tiere sich immer wieder an die täglich wechselnden Bedingungen des Watts anpassen.

V

VERSTEINERUNGEN siehe unter → Fossilien.

Der **VIPERNFISCH** lebt in einer Wassertiefe von bis zu 1.000 Metern. Dort findet man erheblich weniger Futtertiere als im Korallenriff. Um möglichst viele der seltenen Opfer zu erlegen, hat er perfekte Fangzähne und ein sehr großes Maul.

VOGELFELSEN nennt man die Felsen, auf denen Vögel brüten. Ein Vogelfelsen sieht aus wie ein chaotisches Gewimmel von an- und abfliegenden Vögel. Doch der Schein trügt: In einer Seevogelkolonie herrscht tatsächlich Ordnung. Wie in einem großen Wohnhaus wählen die unterschiedlichen Vogelarten verschiedene Stockwerke.

W

WANDERFISCHE werden die Fischarten genannt, die zum → Laichen große Distanzen zurücklegen. Oft wechseln sie dafür zwischen Süß- und Salzwasser. Der → Aal wandert zum Beispiel zur Fortpflanzung aus dem Süßwasser in die Sargassosee – einen Bereich im Atlantik, der südöstlich der Bermudainseln liegt.

WATVÖGEL haben lange Beine. Damit können sie hervorragend in nassen und sumpfigen Gebieten durchs Wasser waten. Im Winter kommen viele

arktische Watvögel aus ihren Brutgebieten, um bei uns zu überwintern. Manche ziehen aber auch weiter nach Süden, nachdem sie sich im Watt sattgefressen haben. Im frühen Frühjahr kommen sie dann wieder vorbei, auf dem Weg zurück in ihre Brutgebiete. Fast alle Arten sind → Zugvögel.

Z

ZUGVÖGEL machen sich ab dem Spätsommer zu Tausenden auf den Weg in den Süden. Manche von ihnen fliegen dabei um die halbe Erdkugel, andere ziehen nur bis zum Mittelmeer. In ihren Winterquartieren fressen sie sich Reserven für den langen Weg zurück nach Norden an. Die ersten Zugvögel treffen ab März wieder bei uns ein.

Autorinnen

ANKE M. LEITZGEN hat in der Ostsee schwimmen und am Mittelmeer Surfen gelernt. Beim Tauchen begegneten ihr Wasserschildkröten, Mantarochen, Mondfische und Haie. Normalerweise verbringt sie zuviel Zeit am Schreibtisch, aber für dieses Buch war sie mir ihren Flip-Flops in ganz Europa unterwegs. Auf Capri, auf Jersey und in Kroatien fotografierte sie das schönste Blau. Und zum ersten Mal sprang sie in die Wellen des Atlantiks. Ihr Lieblingsgewässer ist und bleibt aber die Lippe. An ihr ist sie nämlich groß geworden.

ANNA BOCKELMANN ist an der Niederelbe bei Stade aufgewachsen, wo der Fluss schon fast wie ein Meer aussieht, weil er vier Kilometer breit ist. Ihre Sehnsucht nach Meer wurde bei Wattwanderungen auf der Insel Neuwerk geweckt. Als Studentin der Meeresbiologie fuhr sie mit Forschungsschiffen zur See und lernte die Unterwasserwelt in Ostsee, Mittelmeer, in Maine und Kalifornien und vor allem Nordfriesland kennen. Promoviert hat sie über die Salzwiesen von Schiermonnikoog und dabei erlebt, dass es auch in den Niederlanden Weite und Wildnis gibt.

Dank

Ganz herzlichen Dank an Juliane von Wedemeyer für die Recherche und das Konzept zur Illustration auf Seite 33. Vielen Dank an Miriam Bernard, Eddy Kalliski, Mojib Latif, Gerard Manshanden, Marlene Meyer, Akira Peters, Gabriele Procaccini, Thorsten Reusch, Matthias Strasser und alle anderen Forscherinnen und Forscher, die uns unterstützt haben. Und immer wieder Danke an alle Kinder, die mit Ideen, Geheimplätzen und großer Hilfsbereitschaft dafür sorgen, dass ein Buch wie dieses überhaupt möglich wird. Vielen Dank Amelie, Anina-Lucia, Arto, Boy-Ole, Cornelis, Eliott, Enno, Finchen, Francesca, Greta, Idun, Marco, Mira, Poppy, Siri, Thomas, Tjeerd, Vedran, Yanne und Zrinka! Ganz herzlichen Dank auch an Christine Brasch, Maren Diedrichsen, Jürgen Wolf-Diedrichsen, Jean Bart Jaquet, Bruno Jennrich, Erica Mahr, Goran Nylund, Vanja Radovanović, Annette Schipper, Olivier Savelon und André van Kouwen. Danke!

Impressum

www.beltz.de
© 2016 Beltz & Gelberg
in der Verlagsgruppe
Beltz • Weinheim Basel
Werderstraße 10
69469 Weinheim
Alle Rechte vorbehalten.

Neue Rechtschreibung
Gesamtherstellung:
Beltz Bad
Langensalza GmbH
Bad Langensalza

Printed in Germany
ISBN 978-3-407-82130-0
1 2 3 4 5   20 19 18 17 16

Text & Foto:
© ANKE M. LEITZGEN
www.anke-m-leitzgen.de

Text & Wissen:
© ANNA BOCKELMANN
www.weidecheck.de

Illustrationen:
© SIGNE KJÆR
www.signekjaer.dk

Cover & Foto-Illustrationen:
© LISA RIENERMANN
www.lisarienermann.com

Experimente-Fotos:
© PETRA STOCKHAUSEN
www.petrastockhausen.de

Gestaltung:
© ANNETTE WOLTER
www.annettewolter.de

Noch mehr ERLEBEN:

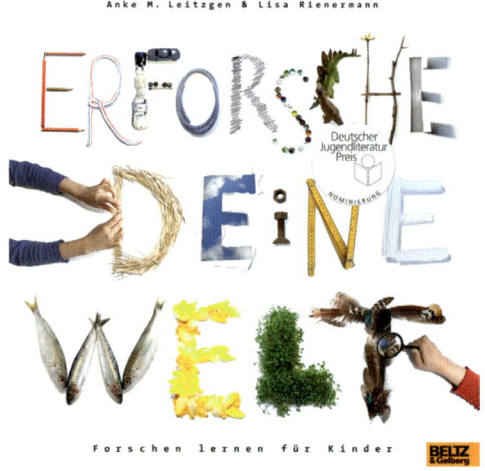

Gebunden, 160 Seiten
978-3-407-75362-5
978-3-407-75360-1 (Broschur)

„Ein wunderbares Buch, es regt die Fantasie an, macht Lust, die gebaute Umwelt zu erleben und sprüht vor Ideen und Anleitungen, diese auch umzusetzen." Deutschlandradio

„Kein Winkel bleibt unerforscht." DIE ZEIT

„Das Buch von Anke M. Leitzgen und Lisa Rienermann ist ein Ideenschatz." Kölner Stadt-Anzeiger

Nominiert für den Deutschen Jugendliteraturpreis 2012

Gebunden, 160 Seiten
978-3-407-75359

„Auf dem Markt gibt es unzählige Kinder-Forscherbücher. Dies ist ein besonderes (...). Erfrischend und erhellend ist dabei, dass nicht nur „klassische" Methoden genannt werden, sondern, dass zum Forschen auch durchhalten, nachdenken, rumspinnen und zweifeln gehören."
Die Grundschulzeitschrift

Anke M. Leitzgen & Lisa Rienermann

Entdecke, was dir schmeckt

KINDER EROBERN DIE KÜCHE

Anke M Leitzgen & Anna Bockelmann

Erforsche das Meer

KINDER ENTDECKEN KÜSTEN UND MEERE

Nominiert für den Deutschen
Jugendliteraturpreis 2013

Gebunden, 160 Seiten
978-3-407-75362-5

„(Eine) Entdeckungsreise in die Welt des
lustvollen Essens, des in jedem Sinne
guten Geschmacks." DIE ZEIT

„Ansprechende, klug aufgebaute Fotos,
die durch ihre Farbigkeit bestechen und
mit witzig arrangierten Beschriftungen
punkten, sowie klar formulierte Texte
machen dieses Buch zu einer Lese-
Genussreise." Berner Zeitung

Gebunden, 160 Seiten
978-3-407-82130-0

FORSCHEN AM MEER UND ZU HAUSE
Wie tief ist das Meer? Warum müssen Fische
trinken? Warum steigt der Meeresspiegel?
Und was sind Rippelmarken?
Dieses Buch steckt voller Wissen und
Experimente für Nachwuchsforscher. Dazu
gibt es jede Menge Expertenwissen – und
Kinder erzählen, wie sie an ihrem Strand
leben.

www.beltz.de    BELTZ &Gelberg